SÀTURA

MATTEO
BORDIGA

ITALIA '90

IL SOGNO MANCATO

LEONE EDITORE

Matteo Bordiga
Italia '90 – Il sogno mancato

ISBN 978-88-6393-467-0

www.leoneeditore.it

PREFAZIONE

Erano le mie prime esperienze professionali.

Nel 1990 collaboravo alla scrittura e produzione del film ufficiale dei Campionati del Mondo. Giravamo come pazzi da uno stadio all'altro con sedici camere in pellicola al seguito cercando di cogliere ogni aspetto di quel mese che ricordo, soprattutto, come una grande festa. Una gioia condivisa da tutti e un banchetto per qualcuno, a giudicare dalle inchieste che hanno fatto seguito allo sperpero di denaro.

C'era un'atmosfera magica in quei giorni. L'Italia sembrava più bella, più ospitale, perfino più funzionale.

Gli autori del film ufficiale (che poi sarebbe stato intitolato *Notti Magiche*), quasi tutti inglesi, rimanevano estasiati da come gli italiani vivessero il calcio: come una religione. E con una fede molto simile a quella religiosa si riempiva lo stadio Olimpico ogni volta che giocava l'Italia. Presenze molto diverse rispetto a quelle cui eravamo abituati la domenica pomeriggio: il Mondiale italiano fu un vero e proprio punto di svolta. Tornavano i bambini sugli spalti dopo anni di terrore e di violenza cieca, e si cominciava a rafforzare la presenza femminile, sconosciuta fino a quasi un decennio prima.

I Mondiali italiani furono il segno di un cambiamento anche sociale, perché figli dell'edonismo degli anni Ottanta ma con in sé anche già la crisi dei Novanta, che forse non a caso esplose fragorosa solo due anni dopo. Quelli seduti al tavolo del banchetto avevano esagerato.

Di quel Mondiale porto nitido il ricordo di Maradona.

Pur lavorando da qualche anno nel calcio non l'avevo mai incontrato. Ebbi l'occasione il giorno dell'antivigilia della finale. Con i nostri pass extralusso, noi della troupe del film avevamo accesso a strutture inavvicinabili per altri. Con in mano una speciale autorizzazione Fifa entrammo con le nostre telecamere nel campo di allenamento degli argentini a Trigoria. Il Diez ci aspettava al centro del campo. Appena ci vide venne verso di me (ero l'unico a parlare italiano) urlando che lì non potevamo stare, come tutti gli altri.

Cercai di spiegare che in realtà avevamo tutte le autorizzazioni, perché ce le aveva concesse la Fifa. Non l'avessi mai detto. Diego andò su tutte le furie, cominciò a urlare e ci cacciò via, letteralmente, a calci in culo.

Odiava la Fifa, stava trascinando una scarsa a vette inavvicinabili. Aveva ragione lui e lo ammirai, anche se al momento del rigore di Brehme esultai come tutti gli italiani che non tifavano Diego.

Fabio Caressa

ITALIA '90: UN SOGNO TRICOLORE

8 giugno 1990: si alza il sipario sulle *Notti Magiche*.

Gli occhi di tutto il mondo sono puntati sul Belpaese, che ospita la quattordicesima edizione della massima rassegna calcistica internazionale. Un Mondiale che si presenta ricco di storie, di personaggi, di sfide affascinanti dal respiro epico tra universi calcistici contrapposti.

Sono ventiquattro le nazionali al via di Italia '90, pronte a darsi battaglia per succedere all'Argentina di Maradona, detentrice del titolo ottenuto a Messico '86. A fare da sfondo alla kermesse sportiva ci sono le infinite meraviglie dello Stivale: il Colosseo di Roma, la Mole Antonelliana di Torino, la Lanterna di Genova, il Duomo di Milano. Palcoscenico più suggestivo e stimolante non potrebbe esserci: il Mondiale torna in Italia dopo cinquantasei anni.

Nel 1934 la manifestazione si era svolta sotto l'occhio vigile del regime fascista e di Benito Mussolini, per il quale la vittoria degli Azzurri doveva essere non solo un obbligo, ma praticamente una formalità. All'epoca diverse partite dell'Italia, come per esempio la prima delle due disputate contro la Spagna, suscitarono feroci polemiche per via di arbitraggi a dir poco «casalinghi». Non furono in pochi infatti, a posteriori, nel freddo rigore della rivisitazione storica, a sollevare seri dubbi sulla legittimità di quel trionfo azzurro. D'altra parte, la mancanza di immagini nitide rende difficile suffragare le tesi di chi tuttora sostiene che la truppa di Vittorio Pozzo fu spudoratamente favorita.

Adesso, nel 1990, la cornice storico-sociale è ben diversa. L'Italia che si presenta al mondo è appena uscita dai rutilanti, stravaganti e coloratissimi anni Ottanta. È un'Italia gaudente nella quale si respira un clima di ottimismo, di euforia, di benessere. La crisi economica che stringerà la sua morsa sugli anni Novanta non si è ancora materializzata, se non in forme embrionali. Il Paese attraversa un momento felice e questo si riflette sulla macchina organizzativa di Italia '90, che marcia spedita per giungere alla realizzazione di un evento che dovrà restare memorabile.

Anche a livello calcistico, il Belpaese è a tutti gli effetti l'ombelico del mondo. In serie A giocano i migliori calciatori del pianeta e militano le squadre più competitive. L'ultimo campionato disputato, la stagione 1989-90, ha visto il successo del Napoli di Diego Armando Maradona (ma non solo: la formazione partenopea annovera top player del calibro di Careca, Alemão, Ferrara) ai danni di un avversario stratosferico: il leggendario Milan di Arrigo Sacchi, con il suo celebrato trio di olandesi Gullit-Rijkaard-van Basten. Dietro ad azzurri e rossoneri, ecco l'Inter dei tre tedeschi Brehme-Matthäus-Klinsmann, allenata da Trapattoni, e la Juventus di Tacconi, Tricella, Rui Barros e dell'emergente peperino Schillaci, autore di ben quindici reti in campionato.

Come dimenticare, poi, la Sampdoria dei Gemelli del gol Vialli e Mancini, giunta quinta e supportata da interpreti come Pietro Vierchowod, baluardo invalicabile della difesa, e Toninho Cerezo? Ad arricchire ulteriormente il patrimonio della serie A c'è inoltre la Fiorentina, squadra spettacolare capace di arrivare fino alla finale di Coppa Uefa e trascinata da un fantasista geniale che scriverà la storia del calcio internazionale, ma anche degli imminenti Mondiali: il suo nome è Roberto Baggio, e nessuno in Italia saprà più incendiare come sa fare lui i cuori degli amanti del football romantico.

Quanto alle competizioni europee, il calcio italiano si affaccia al Mondiale casalingo da dominatore incontrastato. Perfino da dittatore, verrebbe da dire: le nostre squadre hanno appena messo a segno un clamoroso en plein. Il Milan sacchiano ha alzato la Coppa dei Campioni, battendo di misura a Vienna il Benfica con un gol di Rijkaard; la Juventus si è imposta in Coppa Uefa regolando in finale per l'appunto la Fiorentina, un'altra compagine tricolore (3-1 e 0-0 nei due match di andata e ritorno); la Sampdoria, dal canto suo, ha compiuto l'impresa in Coppa delle Coppe, superando per 2-0 l'Anderlecht con due gol di Vialli in una finale a senso unico.

Il messaggio sembra forte e chiaro: gli italiani sono i migliori. A livello di club e, dunque, anche di nazionale. Di conseguenza, l'attesa in patria per il grande evento è spasmodica. Il principale quotidiano sportivo del Belpaese, *La Gazzetta dello Sport*, fin dai primi giorni di maggio dedica pagine e pagine al countdown mondiale.

Dal ritiro di Coverciano, gli Azzurri ostentano ottimismo e convinzione. Il più entusiasta è Gianluca Vialli, ventisei anni, indicato da tutti come il totem e il leader indiscusso della banda Vicini, che proprio alla *Gazzetta* dichiara spavaldo: «Siamo i favoriti. Sarebbe bello nascondersi, ma non possiamo farci illusioni; il mondo considera l'Italia la squadra da battere e dobbiamo prepararci a una marcia verso il titolo in prima fila, sotto i riflettori. Di solito la nazionale va bene quando inizialmente non viene considerata, stavolta però è tutto diverso».

Conterà molto l'ambiente, l'atmosfera che si respirerà lungo lo Stivale. Il pubblico italiano si preannuncia caloroso e appassionato, e gli organizzatori di Italia '90 hanno fatto tutto il possibile per invitare la gente ad affollare gli stadi, investendo soprattutto sull'ammodernamento e sull'ampliamento delle strutture.

L'assegnazione del Mondiale '90 all'Italia risale al 1984; il 3 dicembre di quell'anno il giovane rampante Luca Cordero di Montezemolo, già manager di successo alla Ferrari, era stato messo a capo del Col, il Comitato organizzatore locale, incaricato di curare tutti gli aspetti logistici e organizzativi della rassegna iridata.

La spesa sostenuta negli anni per far decollare Italia '90 fu spropositata e superò di gran lunga il budget preventivato. Basti pensare che lo stato di fatiscenza e di incuria nel quale versavano molti impianti italiani costrinse il Col a pianificare la ristrutturazione di quasi tutti gli stadi «mondiali»: dall'Olimpico di Roma al Meazza di Milano, dal Sant'Elia di Cagliari (dove l'intervento di ammodernamento costò ben ventiquattro miliardi di lire, il 41% in più dei previsti diciassette) al Friuli di Udine. Vennero inoltre costruiti ex novo due impianti dalla struttura avveniristica, che dovevano rappresentare il fiore all'occhiello dell'architettura sportiva in Italia: il Delle Alpi di Torino e il San Nicola di Bari.

Non mancarono fin dall'inizio, ma soprattutto a posteriori, le polemiche per gli sperperi di denaro. Anche alla luce del fatto che in alcuni casi – primo fra tutti proprio quello del Delle Alpi – le ambizioni di eccellenza non avrebbero trovato riscontro nella realtà: nel corso degli anni Novanta lo stadio si sarebbe dimostrato poco funzionale e particolarmente scomodo per gli spettatori, tanto da concludere la sua breve vita già nel 2006 con la chiusura definitiva.

Altri eventi o aspetti che segnarono negativamente la macchina organizzativa di Italia '90 furono i numerosi decessi sul lavoro (dodici persone morirono all'interno dei cantieri di costruzione e ristrutturazione degli stadi, a cui si aggiunsero altri dodici morti nel corso di lavori di preparazione esterni) e, con il senno di poi, l'edificazione di strutture che dopo i Campionati del Mondo sarebbero state parzialmente o totalmente abbandonate. Il caso più eclatante è quello del mastodontico hotel a Ponte Lambro, colosso di sette piani da trecento stanze iniziato e mai terminato, destinato a restare per molti anni, fino alla sua demolizione, un autentico ecomostro.

Pur dolendosi per le disgrazie e per i numerosi problemi incontrati, a pochi giorni dall'inizio dei Mondiali Luca Cordero di Montezemolo, sulle colonne de *La Gazzetta dello Sport*, si dichiara complessivamente soddisfatto del lavoro svolto: «Se mi volto indietro che cosa scorgo? Sicuramente scorgo un grande lavoro d'équipe, l'orgoglio di aver messo in piedi una struttura che, sono sicuro, non ci farà sfigurare. Sì, ci sono stati i momenti di depressione, le occasioni nelle quali ho pensato che stavo solo perdendo tempo. Per fortuna sono state crisi passeggere, poi è ritornato l'ottimismo, la voglia di fare. Il giorno più buio è stato quello dei morti di Palermo (cinque operai deceduti nel cantiere dello stadio La Favorita nell'agosto 1989, N.d.A.); il giorno più bello non è esistito, c'erano sempre così tante cose da programmare, da aggiustare, da inventare che mancava la possibilità di godere dei risultati raggiunti. Ricordo tuttavia con piacere la decisione del governo di stanziare i seicento miliardi suppletivi per gli stadi, è stato un segno di interessamento che ha dimostrato che non eravamo completamente soli, che non stavamo remando controcorrente come a volte invece veniva spontaneo ritenere».

Italia '90, tra le molte altre cose, è anche il Mondiale dell'innovazione tecnologica. Per la ripresa delle partite in diretta – e non solo – vengono allestiti mezzi all'avanguardia, sperimentati per la prima volta a livello internazionale. Per citare solo qualche esempio riportato da *La Gazzetta dello Sport*, ogni gara sarà vivisezionata da almeno undici telecamere più sei replay, e le riprese saranno integrate da microprofili degli atleti e statistiche sulle azioni del match (corner, fuorigioco, tiri in porta). Si saprà per la prima volta per quanti minuti ha controllato il pallone ciascuna delle due squadre. Disponibili anche dati come la distanza tra i vari calciatori e la velocità dei tiri. Inoltre, ai telecronisti sarà riservato un monitor speciale sul quale scorreranno le schede personalizzate di tutti i giocatori e gli allenatori, unitamente a migliaia di dati e curiosità legati a sessant'anni di storia del calcio.

Ora che il torneo è ai nastri di partenza – forte delle sue eccellenze e di una struttura organizzativa comunque solida e riccamente articolata – viene spontaneo domandarsi quali siano le aspettative che accompagnano le nazionali partecipanti, alla luce delle condizioni psicofisiche di ciascuna di esse.

Come detto, l'Italia riveste il ruolo di favorita, e non solo in quanto padrona di casa. Vicini ha dichiaratamente puntato su una filosofia aggressiva e votata al calcio offensivo, convocando ben sei attaccanti: Baggio, Carnevale, Mancini, Schillaci, Serena e Vialli. Viene sacrificato all'ultimo il centrocampista Luca Fusi, proprio per inserire una punta in più.

Nonostante le buone sensazioni che accompagnano gli Azzurri, il ritiro di preparazione al Mondiale di Coverciano si rivela assai più turbolento del previsto, minando in certi momenti la tranquillità del gruppo Italia. La Juventus ha infatti appena battuto la Fiorentina nella doppia finale di Coppa Uefa, ma soprattutto l'idolo dei tifosi gigliati, Roberto Baggio, si è ormai accasato a Torino – sponda bianconera – scatenando la rabbia di tutta Firenze.

Di conseguenza, Baggio alla Juve è un caso spinoso anche per la nazionale riunita a Coverciano, noto quartiere fiorentino. Il giocatore, in un'intervista, dichiara che la sua volontà sarebbe stata quella di rimanere alla Fiorentina. Ma i fratelli Pontello, proprietari del club viola, avevano spinto per la cessione.

Così, a causa del trasferimento forzato del numero 10 di Caldogno, il capoluogo toscano è in ebollizione. Il bunker di Coverciano viene preso d'assalto dai tifosi che insultano Vicini e, in un secondo momento, perfino lo stesso Baggio. Nonostante il clima ostile, la federazione fa di tutto per isolare il più possibile staff tecnico e calciatori.

Il successivo ritiro di Marino, che calerà gli Azzurri nel vivo del Mondiale, risulterà molto più sereno e rilassante.

Italia a parte, quali nazionali potrebbero candidarsi a possibili vincitrici? Non si può non partire dall'Argentina, se non altro perché la selezione di Carlos Bilardo è campione uscente e perché può contare sul più carismatico e determinante calciatore al mondo: Maradona. Ma i sudamericani nelle amichevoli pretorneo hanno mostrato evidenti limiti soprattutto in fase offensiva: preoccupa la sterilità degli attaccanti, sottolineata in particolare dal risicato 2-0 ottenuto contro il modestissimo Civitavecchia.

L'unica luce a brillare sembra essere quella di Diego, ma non si intravedono nel parco attaccanti argentino compagni di reparto all'altezza del Diez, a parte forse Caniggia. Inoltre la squadra gioca un calcio lento e involuto, piuttosto farraginoso, privo di fantasia.

Più avanti dell'Albiceleste in un'ipotetica griglia di partenza del Mondiale si colloca il Brasile, che si presenta con un biglietto da visita da far tremare i polsi: nelle ultime tre rassegne iridate (1978, 1982 e 1986) ha perso solo una partita, precisamente nell'82 in Spagna con l'Italia.

I verdeoro si sono «europeizzati» sposando un calcio meno sbarazzino e più ragionato, nel quale la tattica riveste un ruolo molto più importante rispetto al passato. Nello specifico, il coach Sebastião Lazaroni ha introdotto il ruolo del libero fisso, un'anomalia per il sistema di gioco del Brasile.

A prescindere dagli schemi tattici, la speranza è che uomini come Careca o Alemão facciano la differenza, perché il tasso tecnico dei carioca è, come sempre, altissimo.

Mai sottovalutare poi, all'inizio di qualsiasi competizione, i tedeschi. A Italia '90 si è qualificata la Germania dell'Ovest, che gioca un calcio propositivo e può contare su attaccanti del calibro di Littbarski, Völler e Klinsmann. Cruciale, inoltre, il ruolo svolto dal centrocampista totale Lothar Matthäus, vero ispiratore degli attacchi teutonici e uomo ovunque capace di fare da ago della bilancia della squadra.

Il ct Beckenbauer, secondo quanto si legge sui giornali, potrebbe avere qualche problema con il pacchetto arretrato, composto da elementi rocciosi ma macchinosi come Kohler, Buchwald e il libero Klaus Augenthaler. Ma l'affidabilità tedesca, che riposa anche sul secondo posto ottenuto a Messico '86 nella combattuta finale con l'Argentina, offre come sempre ampie garanzie.

Che ruolo, invece, per i campioni d'Europa dell'Olanda? I Tulipani, secondi a Germania '74 e ad Argentina '78, sprizzano genio, talento e inventiva. La colonna portante della squadra è costituita dai tre milanisti Gullit, Rijkaard e van Basten, ma non solo: la qualità a centrocampo si spreca, e la difesa è una saracinesca con l'esperienza e la malizia dei veterani Danny Blind e Ronald Rambo Koeman.

Il punto interrogativo attorno alla selezione olandese è legato alla panchina. I leader dello spogliatoio avrebbero voluto come ct il leggendario Johan Cruyff, ma la federazione ha scelto Leo Beenhakker, tecnico dell'Ajax ed ex allenatore del Real Madrid. Come reagiranno i big del team Orange?

A proposito di big, Gullit ha recuperato dopo un serio infortunio, giusto in tempo per Italia '90. E Marco van Basten, che ha vinto le ultime due edizioni del Pallone d'Oro, curiosamente è al suo primo Mondiale in assoluto.

Altra formazione da tenere d'occhio è la Jugoslavia, che potrebbe essere la scheggia impazzita del torneo. Nelle qualificazioni mondiali ha contribuito a eliminare nientemeno che la Francia, battendola per 3-2 in casa e pareggiando 0-0 in trasferta. Il suo faro è Dragan Stojković, un fenomeno con la palla, capace di giocate sublimi, dribbling impossibili e aperture da spellarsi le mani. Da segnalare anche il fantasista Savićević, che sarà destinato a una luminosa carriera alla corte berlusconiana, e il giovane centrocampista Prosinečki, metronomo preciso e impeccabile come un professore di Oxford.

E gli inventori del football? I maestri britannici? Con che credenziali si affacciano alla competizione che li ha visti trionfare nel 1966, nella contestatissima edizione casalinga?

Il ct Bobby Robson si è attirato gli strali di buona parte della critica: la sua nazionale non offre sempre un calcio brillante, e alcune scelte nelle convocazioni vengono digerite a fatica dai giornalisti. Ma c'è un fatto: l'Inghilterra, nel corso delle qualificazioni, non ha mai subito gol. Ed è una constatazione quanto mai beneaugurante, poiché si tratta di un record che, tra le ventiquattro partecipanti al Mondiale, possono vantare esclusivamente gli uomini di Robson. I sudditi di Sua Maestà hanno collezionato ben tre 0-0 su sei partite, e se l'attacco appare asfittico, pur potendo contare sulla verve di un campionissimo come Gary Lineker, la difesa si è rivelata insuperabile. Merito anche dell'immarcescibile portiere Peter Shilton, ultraquarantenne che tra i pali ostenta la reattività di un novellino.

Ma attenzione, in realtà, anche all'attacco inglese illuminato dall'ispiratissimo Paul Gascoigne, imprevedibile e geniale, oltre che dal citato Lineker, vera macchina da gol. Forse attribuire ai bianchi d'Inghilterra un ruolo da favoriti sarebbe eccessivo, anche perché li attende un girone molto duro che comprende Olanda ed Eire, ma un approdo almeno ai quarti di finale è un obiettivo più che raggiungibile.

Proprio sull'Eire vale la pena spendere due parole. Il team, guidato da una vecchia volpe come Jack Charlton, non esibisce talenti o piedi raffinati, ma propone un calcio utilitaristico e pragmatico che già in passato ha dato dei risultati. Tutti in difesa e poi palla lunga per le torri dell'attacco, lungagnoni in grado di far vedere i sorci verdi a qualsiasi marcatore, nel nome della «garra» e dell'agonismo feroce.

Con la loro disposizione tattica bloccata e il loro spirito pugnace, i Greens sono da prendere con le molle. La domanda è: sapranno davvero dare del filo da torcere a Olanda e Inghilterra, formazioni tecnicamente molto più attrezzate?

Una nazionale attesa al varco a Italia '90 è sicuramente quella spagnola. Gli iberici, come da tradizione, sono grandi palleggiatori, e il ct Luis Suarez ha costruito la squadra attorno al centrocampo. La linea a quattro, tutta Real Madrid-Barcellona, composta da Míchel, Baquero, Roberto e Martin Vázquez è forse la più tecnicamente dotata del Mondiale.

Ora si tratta di convertire la grande mole di gioco prodotta in moneta sonante. Per farlo, ci si affida ad attaccanti smaliziati e implacabili come Butragueño e Julio Salinas.

Ultima chiamata per l'Urss, tra l'altro ormai prossima alla dissoluzione. Il gruppo sovietico, vicecampione d'Europa, è tra i più anziani della competizione, annoverando numerosi ultratrentenni. Per lasciare un segno indelebile a Italia '90 il coach Valerij Lobanovskij si è giocato tutte le fiches sul blocco Dinamo Kiev, la cui ossatura è composta dai difensori Bessonov e Kuznetsov, dal centrocampista goleador Litovčhenko e dalla grande punta, di spessore internazionale, Oleg Protasov.

I presupposti per sfondare ci sono tutti, perché la squadra possiede quel mix di talento ed esperienza che fa pensare all'obiettivo minimo dei quarti di finale.

Una piacevole sorpresa, poco quotata in partenza, potrebbe essere la Romania, fautrice di un calcio scoppiettante ispirato dai numerosi guastatori dell'attacco. Attorno al genio di Gheorghe Hagi, il Maradona dei Carpazi, ruotano talenti del calibro di Sabău, Răducioiu e Lăcătuş.

Il problema è che i rumeni dovranno vedersela con argentini e sovietici: avversari non esattamente morbidi.

C'è enorme curiosità sulle sorti mondiali della Colombia, squadra esotica e spettacolare che il ct Francisco Maturana fa giocare con spregiudicata baldanza. I colombiani interpretano il calcio in modo molto moderno, applicando pressing, zona e fuorigioco. Inoltre attenzione ai singoli, dotati di classe e di corsa: primo fra tutti il capelluto Carlos Valderrama, centrocampista dai piedi fatati e dalla visione di gioco periferica.

Tutto da scoprire il misterioso Camerun di Roger Milla – attaccante-totem dalle trentotto primavere – apparentemente condannato a un ruolo da vittima sacrificale nel girone che comprende Argentina, Urss e Romania, mentre la debuttante Costarica ha un asso nella manica: si chiama Bora Milutinović ed è il ct che nel 1986 aveva portato la selezione messicana fino ai quarti di finale, perdendo solo ai rigori con la Germania dell'Ovest. Non ci sono individualità di spicco nella compagine centroamericana, ma il grande punto di forza è il collettivo.

Italia ’90, infine, è anche il Mondiale stregato del mitico Hugo Sánchez, l’assente illustre. Il fenomenale *delantero* del Real Madrid non può deliziare la platea italiana perché il suo Messico è stato squalificato per due anni dalla Fifa a causa di un’irregolarità anagrafica nel campionato centroamericano juniores. Un cavillo burocratico, insomma, che secondo Hugo Sánchez ha determinato una punizione «assolutamente sproporzionata».

Mancheranno le sue capriole dopo un gol e la gioia che sprigiona ogni volta che scende in campo. Ma il Mondiale è un sogno meraviglioso, un firmamento così ricco di stelle che, forse, l’assenza di una supernova passerà quasi inosservata.

A San Siro, l’8 giugno 1990, si celebra una sfavillante cerimonia d’apertura – incentrata, come dice il regista Piero Zuffi a cui è stata affidata la messa in scena, su «una Milano tre volte mondiale: capitale della moda, del pallone e della musica» – che presenta l’Italia al mondo.

Poi sarà, finalmente, l’ora del pallone a scacchi: in campo, per il debutto, Argentina e Camerun.

IL ROMANZO DEL MONDIALE

LE PARTITE

GARA N.1

ITALIA-AUSTRIA, GRUPPO ELIMINATORIO A

STADIO OLIMPICO DI ROMA

L'attesa è finita: sabato 9 giugno il grande sogno ha inizio.

L'Italia, che freme sulle note di *Notti Magiche* gridata a squarciagola da Edoardo Bennato e Gianna Nannini, si è svegliata trepidante ed elettrica. È il giorno degli Azzurri: a battezzare il loro esordio nella rassegna iridata che li vuole favoriti d'obbligo, praticamente condannati alla vittoria, è uno stadio Olimpico strabordante di tricolori.

Non c'è un seggiolino vuoto in tutto l'impianto romano: in una notte arroventata, che sa già di estate, settantamila cuori sospingono la nazionale oltre le sue speranze e oltre le sue paure. La selezione italiana è tra le più complete e competitive di sempre: si presenta al Mondiale di casa sfoggiando una retroguardia da lustrarsi gli occhi – il pantheon dei migliori difensori in circolazione a livello internazionale – e varando un attacco pirotecnico, tutto muscoli e fantasia, che coniuga la qualità tecnica con la fisicità e l'opportunismo sotto rete.

Eppure il ct Azeglio Vicini e i suoi giocatori avvertono la tensione strisciante del debutto, schiavi dell'ingrata responsabilità di cui li ha investiti una nazione intera, fin dalla conclusione dei precedenti Mondiali messicani del 1986. Sanno che non possono sbagliare. Sanno che questo Campionato del

Mondo, nella terra del calcio, è più importante dell'elezione di un presidente del Consiglio.

La Gazzetta dello Sport strilla in apertura, a tutta pagina: «Azzurri, portateci in cima al mondo».

L'atmosfera all'Olimpico è incandescente. Un boato di gioia ed emozione accoglie l'ingresso delle due squadre sul terreno di gioco.

La maglia dei nostri è di un blu sfolgorante; la ruvida Austria di Josef Hickersberger, che non vuole rassegnarsi al ruolo di sparring partner predestinato, scende in campo in casacca bianca e pantaloncini neri.

Italia in formazione tipo, con Zenga tra i pali protetto da un'autentica Linea Maginot: Maldini sulla sinistra, Riccardo Ferri e capitan Bergomi marcatori centrali, Franco Baresi in posizione di libero. A centrocampo costruzione della manovra affidata al Principe Giannini, regista dal tocco sopraffino, e al volitivo Ancelotti, con le incursioni sulla fascia del folletto Donadoni e il fosforo del mediano di quantità e qualità Nando De Napoli. In prima linea Vicini punta sul doppio centravanti, affiancando un attaccante puro d'area di rigore come Andrea Carnevale a un eclettico guastatore di movimento come Gianluca Vialli.

Nell'Austria, la principale minaccia è rappresentata dal prolifico bomber del Siviglia (ed ex del Torino) Toni Polster, affiancato dal talentuoso trequartista Andreas Herzog.

Dirige il fischietto brasiliano Wright.

Gli ospiti sembrano prendere in mano il pallino del gioco nei minuti iniziali, puntando su un palleggio avvolgente e compassato, ma il primo lampo è azzurro. Al 4′ Donadoni suggerisce dalla destra per Vialli, che con una grande intuizione gira al volo smarcando Carnevale davanti al portiere Lindenberger. Il centravanti azzurro però si fa ipnotizzare dall'estremo difensore in precipitosa uscita, calciandogli addosso il destro a botta sicura.

Lo squillo dell'Italia intimidisce l'Austria, che arretra il baricentro subendo il pressing incalzante dei padroni di casa. Al 13′ Franco Baresi imbecca centralmente Giannini, spalancandogli un'autostrada a centrocampo nella quale il regista giallorosso si infila fuggendo a gran velocità verso la porta. La sua conclusione dai venticinque metri, potente e precisa, scalda i guantoni a Lindenberger, che deve distendersi in tuffo per ammortizzare la sassata.

Gli austriaci sono già con la lingua a penzoloni. Perdono sicurezza e lucidità, come dimostra un disimpegno suicida di Artner il quale al 20′, dopo una brillante azione corale italiana, cede all'indietro a Lindenberger senza accorgersi che in agguato c'è Vialli, pronto a battere a rete da pochi passi. La puntata di esterno destro del sampdoriano sull'uscita disperata del portiere sfila però a una manciata di centimetri dal secondo palo.

Non c'è un attimo di tregua: al 22′ un lungo lancio dalle retrovie innesca il solito indemoniato Vialli, che lavora benissimo il pallone sulla sinistra proteggendolo con il corpo e lo offre al centro per l'accorrente Carnevale. Il velo dell'attaccante a favorire l'inserimento sulla destra di Carlo Ancelotti è un gioiello; la sventola del centrocampista rossonero scheggia il palo, ma l'Olimpico si spella le mani per un'Italia arrembante e spettacolare.

Al 36′ nuova azione collettiva dell'undici di Vicini. È Baresi che sventaglia sulla trequarti sinistra per Donadoni; l'aggancio dell'ala milanista è perfetto, così come l'affondo che semina Russ e consente al numero 17 azzurro di incunearsi sulla fascia e crossare al centro. A raccogliere l'invito c'è Carnevale, il quale – con il portiere già tagliato fuori dal lungo traversone – è costretto a colpire il pallone di controbalzo e non riesce a indirizzarlo nello specchio della porta sguarnita.

Al 40′, finalmente, si registra la prima iniziativa ospite: su un cross pennellato dalla sinistra, dopo un colpo di testa mancato da Polster, è proprio Kurt Russ a spaventare Zenga, colpendo dritto per dritto in piena area da posizione defilata sulla destra. È decisiva la chiusura di Maldini, che devia il tiro in corner.

Il primo tempo si chiude con undici tiri a due a favore degli Azzurri, che prevalgono nettamente anche nel possesso palla. Lo score rimane però bloccato sullo 0-0.

Nella ripresa, Vicini prova ad accentuare la spinta sulle fasce e a guadagnare in dinamismo, inserendo l'intraprendente mancino Gigi De Agostini al posto del pur positivo Ancelotti (tra l'altro leggermente infortunato).

La gara ricomincia però con un grande brivido per i padroni di casa. Al 2′ uno spiovente a campanile dalla destra trova appostato sul secondo palo Herzog, il quale impatta al volo con il sinistro dal vertice dell'area piccola: la palla lambisce il palo e Walter Zenga non esita a catechizzare la sua retroguardia, che si è fatta trovare fuori posizione.

Ma l'Italia tiene a rimettere subito le cose in chiaro. Carnevale sguscia via sulla sinistra e subisce un fallo plateale; sulla conseguente punizione Donadoni scodella in mezzo una palla con il contagiri sulla fronte di Giannini, appostato a pochi metri da Lindenberger. Il colpo di testa del regista, che sceglie a meraviglia il tempo dello stacco, finisce incredibilmente sul fondo.

Salgono i ritmi, gli italiani si impossessano del centrocampo e schiacciano gli austriaci nella loro trequarti. Al 15′ altra chance per l'attivissimo e sfortunato Vialli, che riceve ai venti metri da De Agostini, lavora il pallone con la suola liberandosi di due avversari e poi calcia rasoterra dal limite, non trovando la porta per questione di centimetri.

Ancora due minuti e De Agostini prova la soluzione personale di sinistro dai trenta metri; il tiro viene deviato da un difensore, si impenna e costringe il reattivo Lindenberger a smanacciare la sfera sotto la traversa, spedendola in angolo.

Sempre Lindenberger si conferma l'indiscusso protagonista del match al 20′, quando al termine di una triangolazione tra Giannini e Donadoni il romanista, con un colpo di tacco, mette l'ala rossonera in condizione di battere a rete dal vertice sinistro dell'area. Il diagonale di Donadoni viene disinnescato dal balzo felino del portiere austriaco, che chiude sul primo palo. Sul prosieguo dell'azione, proprio Donadoni viene falciato in area da Russ: pare rigorissimo a tutti tranne che all'arbitro Wright, secondo cui l'azzurro si sarebbe lasciato andare ancor prima dell'intervento del giocatore in maglia bianca.

L'Olimpico insorge, ma la porta austriaca rimane inviolata.

Tuttavia, i destini della selezione di Azeglio Vicini in questo Mondiale stanno per cambiare irreversibilmente. Al 30′ della ripresa, il commissario tecnico decide di giocare la carta della rapidità e dell'imprevedibilità offensiva. Una carta che si rivelerà smisuratamente vincente, consegnando a Italia '90 il suo mattatore.

L'esausto Carnevale, che assieme a Vialli ha fatto un gran movimento su tutto il fronte dell'attacco, lascia il posto a un folletto siciliano che dal Messina è da poco approdato alla Juventus: il suo nome è Salvatore Schillaci, in arte Totò. La sua maglia è la 19: un numero che resterà a lungo stampato nella memoria di decine di milioni di italiani.

Non sono passati neanche tre minuti dall'ingresso in campo dell'attaccante bianconero. Vialli scambia con Donadoni, che lancia il blucerchiato sulla fascia destra dopo averne letto lo scatto in profondità. Gianluca finge di fermarsi, poi con uno strappo fugge verso il fondo dopo aver eluso la marcatura di Aigner e, in corsa, lascia partire un traversone morbido di interno destro. Il cross è un assist al bacio per l'eroe che non ti aspetti: il piccolo siciliano che, saltando tra due aitanti difensori austriaci (ai quali cederà almeno venti centimetri a testa), incorna di prepotenza insaccando sotto la traversa alle spalle di un Lindenberger stavolta impotente.

All'Olimpico è l'apoteosi: Schillaci esulta con gli occhi spiritati e la bocca spalancata di chi nemmeno ci crede. I compagni lo fanno sparire sotto un abbraccio soffocante. Al 33′ del secondo tempo l'Italia ha finalmente trovato il grimaldello per scardinare la difesa ospite. Lo stadio intero si produce in una gigantesca e liberatoria ola a tinte verdi, bianche e rosse.

«Dopo quella rete Schillaci, nelle successive partite, divenne un titolare inamovibile» ricorda con un sorriso Aldo Serena. «Come centravanti era stato lanciato Carnevale, che però al momento della sostituzione nel corso del match con l'Austria – lasciando spazio proprio a Totò – aveva avuto un gesto poco felice nei confronti di Vicini, esprimendo il suo nervosismo in modo plateale. Le sue lamentele erano state riprese il giorno dopo da tutti i media, innescando una polemica sgradevole che probabilmente impedì ad Andrea di giocarsi le sue chance nel resto del torneo.»

I restanti dodici minuti della sfida non regalano ulteriori sussulti. I bianchi tentano di reagire, ma senza costrutto: il loro unico tentativo è un destro di controbalzo dal limite del subentrato Zsak, che regala un pallone ricordo agli spettatori assiepati nel settore più alto della curva Nord.

Al 91′ Wright decide che è ora di calare il sipario: i primi, preziosissimi due punti sono in cassaforte per gli Azzurri, che strameritano il successo dopo la messe di occasioni da gol create e si issano subito in testa al girone A.

Sia dal punto di vista del gioco sia da quello del risultato, miglior avvio per la truppa di Vicini non poteva esserci. Lo stadio di Roma canta e balla: le *Notti Magiche* iniziano sotto i migliori auspici.

Come la favola di un venticinquenne palermitano spaesato che gli amici soprannominano Totò.

Lo stesso Schillaci, ventotto anni dopo, ci ripensa e ammette: «Mai avrei immaginato che avrei vissuto il Mondiale da protagonista. Quando arrivò la convocazione – io tra l'altro fui l'ultimo a essere convocato – mi dissi tra me e me che il fatto di far parte di una selezione così forte era già un grandissimo regalo. Ero convinto che sarei finito regolarmente in tribuna, nemmeno in panchina. Poi però durante gli allenamenti feci l'impossibile per mettere in imbarazzo il tecnico, che alla fine scelse di portarmi in panchina nella gara d'esordio contro l'Austria. La favola iniziò così: quel posto in squadra dovetti guadagnarmelo con la fatica e il sudore».

LE ALTRE PARTITE

Un'altra favola parallela, intanto, ha scosso e al contempo conquistato il mondo del pallone, aprendo il palcoscenico di Italia '90 a nuovi orizzonti calcistici: quella del Camerun, che nell'incontro inaugurale ha imprevedibilmente messo ko i campioni uscenti dell'Argentina maradoniana. Il successo ottenuto al Meazza di Milano grazie a una rete di Omam-Biyik, con evidente complicità del portiere sudamericano Pumpido, ha rivelato a giornalisti e appassionati la tenacia e l'esplosività atletica dei Leoni Indomabili, capaci di condurre in porto la vittoria anche in nove uomini contro undici (espulsi prima André Kana-Biyik e poi Massing). Sarà solo l'inizio di una cavalcata entusiasmante per la compagine africana.

Nel gruppo dell'Italia il primo turno fa registrare la goleada della Cecoslovacchia sui malcapitati americani (5-1, in evidenza il bomber Skuhravý con una doppietta), mentre nel gruppo C lo spumeggiante Brasile di Lazaroni piega per 2-1 la Svezia al Delle Alpi di Torino con una doppietta di Careca. Da rimarcare, sempre nel girone C, la vittoria della Costa Rica – al debutto assoluto in una rassegna iridata – sulla Scozia: 1-0 al Ferraris di Genova, rete di Cayasso.

Il gruppo D si presenta tra i più competitivi del torneo, raccogliendo nazionali di grande classe e tradizione come Germania dell'Ovest, Colombia e Jugoslavia; gli Emirati Arabi Uniti sono condannati al ruolo di vittima sacrificale predestinata. La Colombia esordisce con un comodo successo sugli asiatici: 2-0 a Bologna con reti di Redín e Valderrama, uno dei giocatori più iconici del Mondiale con la sua leggendaria chioma bionda e il suo talento cristallino. Ancora più larga l'affermazione dei tedeschi nell'incontro con la rampante Jugoslavia: l'esperienza e il pragmatismo teutonico trionfano, seppellendo gli jugoslavi sotto una valanga di quattro reti a Milano.

Anche il gruppo E appare equilibrato, con Spagna e Uruguay leggermente favorite per la qualificazione su Belgio e Corea del Sud. Proprio spagnoli e uruguaiani non si fanno male nel debutto a Udine, impattando per 0-0. Il Belgio ha facilmente la meglio sui coreani, battuti per 2-0 al Bentegodi di Verona con reti di Degryse e De Wolf.

Infine ecco il girone F, che mette una di fronte all'altra due superpotenze del football europeo: Inghilterra e Olanda. Il debutto è decisamente stentato per entrambe: gli albionici non vanno oltre uno striminzito 1-1 con l'Irlanda a Cagliari, facendosi raggiungere da Sheedy nel secondo tempo, mentre gli Orange campioni d'Europa fanno cilecca a Palermo con il modesto Egitto. Anche in questo caso il risultato è di 1-1, con gli egiziani che rimontano la rete di Wim Kieft grazie a un rigore di Abdelghani, a sette minuti dalla fine.

GARA N.2

ITALIA-USA, GRUPPO ELIMINATORIO A

STADIO OLIMPICO DI ROMA

È il 14 giugno, e l'Italia è chiamata alla sua seconda prova iridata contro i semisconosciuti atleti a stelle e strisce.

Non ci può, non ci deve essere paragone: gli americani sono inarrivabili a pallacanestro e a baseball, ma con il pallone a scacchi non possono che essere gli Azzurri a dettar legge. Specie davanti al pubblico di casa e a un Olimpico gremito in ogni ordine di posti, esattamente come contro l'Austria cinque giorni prima. Con il suo ruggito feroce che squarcia le notti Mondiali, l'impianto romano è in grado di ridurre a più miti consigli qualsiasi avversario.

A questo proposito, ricorda Aldo Serena:

> La nostra squadra riusciva sempre a creare diverse palle gol nel corso di una partita. E questo perché c'era tanta qualità nell'organico, certo, ma anche perché l'atmosfera dell'Olimpico e il tifo indiavolato della gente ci aiutavano non poco. A Roma si respirava un'aria unica. Quando uscivamo dal ritiro di Marino per andare allo stadio, be' lì mi sono reso conto di quello che può provare un papa: ci muovevamo in autobus in mezzo ad ali di folla e a un mare di bandiere tricolori… ma per cinquanta-sessanta chilometri! Poi quando arrivavamo all'Olimpico lo stadio era pra-

ticamente pieno, ore prima della partita: entravamo in campo e, di fatto, eravamo già uno a zero.

La spinta di quel pubblico mi è rimasta nel cuore. Si è trattato di qualcosa di straordinario, che non ho mai vissuto in nessun'altra occasione.

Anche capitan Beppe Bergomi sottolinea con forza il ruolo determinante che giocava lo stadio capitolino:

> In particolare ricordo che, nonostante non fosse consuetudine nei primi anni Novanta, una volta arrivati allo stadio, uscire in campo per il riscaldamento prepartita (perché c'erano le palestre e solitamente si stava lì), in sette o otto volevamo comunque scendere sul terreno di gioco a riscaldarci per respirare dal vivo la meravigliosa atmosfera che elettrizzava l'Olimpico.

La formazione schierata da Vicini con gli Usa presenta un'unica variazione rispetto a quella mandata in campo con gli austriaci: Nicola Berti prende il posto dell'indisponibile Ancelotti. Per il resto tandem offensivo Vialli-Carnevale confermato e il *match winner* Salvatore Schillaci, ancora relegato in panchina, pronto a subentrare e a risultare nuovamente il fattore X della partita.

Gli Usa si presentano con alcuni giocatori dalla buona tecnica individuale, come Tab Ramos e il jolly Peter Vermes, e con il carismatico portiere Tony Meola. Ma è davvero troppo poco per impensierire i padroni di casa, che dopo il fischio d'avvio dello scenografico direttore di gara messicano Codesal Méndez si riversano subito nella metà campo americana.

I ritmi sono però più blandi rispetto all'incontro con l'Austria, e la prima occasione arriva al 5′ in seguito a un evidente svarione della retroguardia ospite. Su un lungo e controllabilissimo lancio di Roberto Donadoni, Vialli prende il tempo in piena area a uno svagato Armstrong e colpisce di testa a pochi passi da Meola. La conclusione del sampdoriano risulta centrale, consentendo al portiere di bloccare agevolmente in presa.

Agli Azzurri basta forzare appena i ritmi per aprire la cassaforte statunitense. Corre l'11′ quando Andrea Carnevale controlla un buon pallone sulla trequarti sinistra, lo smista al centro per Berti che tocca di prima per Donadoni, il cui suggerimento mette in moto al limite dell'area Vialli. Il velo del mobilissimo Gianluca è geniale e favorisce l'inserimento di Giuseppe Giannini, che con la punta del destro si alza elegantemente il pallone mettendo fuori causa tre americani e si presenta in area solo davanti a Meola, battendolo con un mancino secco sul primo palo.

Il gol fa impazzire l'Olimpico, che tributa al Principe un meritato applauso.

La truppa a stelle e strisce è tramortita, e Donadoni prova ad affondarla definitivamente poco dopo con un calcio di punizione liftato dai diciotto metri, che però termina di un soffio sopra la traversa. Al 22′ tocca a Paolo Maldini sganciarsi sulla sinistra e calibrare un perfetto cross per la testa dell'onnipresente Donadoni, che colpisce con una buona frustata ma indirizza troppo centralmente: facile, ancora, la parata di Meola.

In questo monologo azzurro, si segnala anche la prima mezza palla gol per gli ospiti. Tab Ramos scambia con Harkes e trova un corridoio centrale, bucando il centrocampo italiano; il numero 7 statunitense legge benissimo l'inserimento sulla sinistra dello stesso Harkes e lo serve con un pallonetto che è un invito a nozze. Clamoroso l'errore tecnico di Harkes, che anziché stoppare di petto e battere di prima intenzione in piena area, a tu per tu con Zenga, sceglie di colpire di testa mirando al secondo palo e spedendo largamente a lato.

Sospiro di sollievo per i ragazzi di Vicini, che però si sono fatti cogliere in castagna dall'improvviso blitz avversario. E allora provano subito a chiudere i conti: è il 32′ quando Berti si produce in un assolo al limite dell'area, varca la fatidica linea bianca e viene teatralmente sgambettato da Paul Caligiuri. L'interista accentua un po' la caduta, ma il rigore è indiscutibile.

Sul dischetto si presenta Gianluca Vialli, che come nessun altro meriterebbe di veder coronato da un gol tutto lo sfiancante lavoro svolto sul fronte offensivo. La battuta di destro spiazza Tony Meola, ma la sfera incoccia il palo interno di destra e l'occasione sfuma.

Grande delusione per Vialli, a quota zero reti nel Mondiale che dovrebbe consacrarlo cannoniere degli Azzurri.

Il primo tempo non ha altro da dire: le squadre vanno a riposo con l'Italia in vantaggio per 1-0, e consapevole che il margine di distacco avrebbe potuto essere ben più ampio.

L'atteggiamento tenuto in campo dai ragazzi di Vicini nella prima frazione è ben riassunto dalle parole di Luigi De Agostini, che saltò proprio il match con gli americani:

> Partendo dal presupposto che avevamo i fuoriclasse sia in difesa sia in attacco, e che tutti i reparti erano completi e ben forniti, l'intenzione era sempre quella di imporre il nostro gioco e di comandare le partite. Poi, all'occorrenza, sapevamo anche difenderci e pungere di rimessa. Ma la mentalità era offensiva, volevamo sempre proporre calcio e non pensare solo a distruggere: questo era determinato dalla grande quantità di giocatori dai piedi buoni di cui disponeva Vicini, affiancati da altrettanti, preziosissimi elementi molto dotati sul piano fisico e atletico. Rappresentavamo un mix perfetto di classe e intensità.

Tra l'altro ci conoscevamo tutti benissimo, quindi tra di noi c'era un eccezionale affiatamento in campo: non dimentichiamoci che quella stessa squadra aveva ben figurato a Euro '88, alle cui fasi finali accedevano solo otto formazioni. La selezione era rigorosissima, e potevamo dunque dire a pieno titolo di rientrare tra le migliori nazionali d'Europa.

Ma all'Olimpico, nei primi minuti della ripresa, forse avendo ormai constatato la tangibile inconsistenza degli americani, gli Azzurri paiono meno brillanti, e la qualità tecnica del match ne risente. Bergomi e compagni sembrano scherzare fin troppo con i *cowboys*, adagiandosi sull'unico gol segnato e tirando il freno a mano.

L'atteggiamento sornione produce poco in fase d'attacco. Tuttavia suona il campanello d'allarme nell'area Usa quando, su un buon traversone di Donadoni dalla sinistra, Carnevale spizzica appena la palla mandando di un niente sul fondo, a Meola battuto.

Se la fantasia dei nostri solisti si accende, per gli altri sono dolori: sempre Donadoni danza sulla linea dell'out, punta il vertice destro dell'area saltando tre avversari e scarica un potente sinistro che, per fortuna di Meola, Mike Windischmann devia in calcio d'angolo.

Nel frattempo, Vicini ha riproposto l'avvicendamento vincente della partita d'esordio: Schillaci ha rilevato un Carnevale ancora una volta molto attivo ma con le polveri bagnate.

Al 20′ una fulminea azione azzurra manda in tilt la difesa ospite: Nando De Napoli, smarcato di prima da Giannini, guadagna il fondo e mette in mezzo sul primo palo dove in agguato c'è proprio Schillaci, che però non riesce a girare a rete di testa da posizione molto angolata.

L'Italia continua ad amministrare con una certa pigrizia e leziosità. Eppure, quasi per forza di inerzia, costruisce un'altra buona occasione per raddoppiare ancora con l'instancabile De Napoli, bravo a crossare dalla destra un pallone che Maldini impatta di testa a centro area, spedendolo sull'esterno alto della rete e dando l'illusione ottica del gol.

Ma al 30′ gli uomini di Vicini, a furia di giocare con il fuoco, vanno a un passo dalla frittata. Riccardo Ferri sgomita ai venticinque metri con Murray, inducendo il vicinissimo Codesal Méndez a fischiare un insidioso calcio di punizione per gli americani (con annessa ammonizione del numero 6 azzurro). Ramos finta la battuta, della quale si incarica invece lo stesso Murray scagliando una fucilata che costringe Zenga a distendersi affannosamente in tuffo per respingere alla sua destra; ma la palla è corta e il primo ad avventarcisi è Peter Vermes, che dal vertice dell'area piccola esplode un tiro a botta sicura sul quale il portierone compie un prodigio, ammortizzando la sfera con il corpo e rallentandone così la corsa. La parata facilita l'intervento sulla linea di porta di Ferri, che spazza via.

I quasi trenta milioni di italiani davanti alla tv hanno trattenuto il fiato, e ora possono tornare a respirare. Augurandosi, naturalmente, che i loro beniamini abbiano imparato la lezione: in questo Mondiale non esistono cenerentole, e le partite non si vincono per diritto divino o titolo nobiliare.

Gli Azzurri rispondono al grande spavento affidandosi, come al solito, all'estro dell'incontenibile Donadoni, che al 36′ sventaglia un destro calibrato a tagliare il campo imbeccando sulla fascia l'accorrente De Napoli, secondo uno schema collaudato; cross in mezzo e colpo di testa sul secondo palo di Schillaci, ben appostato, che però non sorprende Meola, abile a recuperare la posizione e a bloccare con presa ferrea.

Eppure, un altro brivido percorre la schiena di Vicini al 40′: su una lunga rimessa laterale americana, Maldini serve inavvertitamente con un disimpegno di testa all'indietro Marcelo Balboa, il quale proprio dal limite dell'area, in posizione centralissima, spara fortunatamente alle stelle.

Iniziano a essere troppi gli attacchi alle coronarie del pubblico italiano, il cui urlo rimane strozzato in gola a fil di sirena su una punizione dai venticinque metri di Totò Schillaci: il tiro viene deviato dalla barriera spiazzando completamente Meola, ma la palla fa la barba al palo di sinistra e muore sul fondo.

Poco dopo Codesal Méndez chiude le ostilità. Quel che conta sono i due punti che portano la nazionale a quota quattro in classifica, ma il match con gli statunitensi ha fornito indicazioni contrastanti. Ombre e luci su una prestazione che a numerosi spunti positivi, soprattutto sul fronte offensivo, ha contrapposto anche svariati motivi di riflessione. A preoccupare sono soprattutto le estemporanee amnesie difensive, i cali di tensione e la discontinuità di rendimento degli Azzurri nell'arco dei novanta minuti.

La prossima gara, contro l'attrezzata Cecoslovacchia, sarà decisiva per la conquista del primo posto nel girone, e saprà dare risposte importanti sull'effettiva competitività della ciurma di Azeglio Vicini.

LE ALTRE PARTITE

Il secondo turno nel girone azzurro vede il successo di misura della Cecoslovacchia sull'Austria al Franchi di Firenze, che issa i cecoslovacchi in testa al gruppo A con punteggio pieno assieme all'Italia.

Nel gruppo B pronto riscatto dell'Argentina contro la temibile Unione Sovietica: 2-0 a Napoli con reti di Troglio e Burruchaga. Adesso, dopo l'incredibile sconfitta contro il Camerun, la qualificazione agli ottavi diventa possibile. Piuttosto, il match del San Paolo passerà alla storia per l'episodio chiave della seconda «mano de Dios» di Diego Armando Maradona. Sul risultato di 0-0 il Pibe de Oro respinge con il braccio a pochi passi dal proprio portiere un colpo di testa indirizzato a rete di Kuznetsov. Il rigore è solare, e ci potrebbe teoricamente stare anche l'espulsione del numero dieci. Tutto il San Paolo e l'intero pianeta in mondovisione vedono l'irregolarità. Tranne l'arbitro svedese Fredriksson, che nell'incredulità generale lascia correre.

Diego conferma dunque la sua abilità nel «gioco di mano», dopo aver beffato gli inglesi segnando truffaldinamente nel Mondiale messicano del 1986. Il mancato rigore per l'Urss si rivelerà, con il senno di poi, uno snodo cruciale nel cammino iridato non solo degli argentini, ma anche degli Azzurri.

Intanto i Leoni Indomabili camerunensi trovano una seconda, convincente vittoria contro la quotata Romania: a Bari gli africani si impongono per 2-1 con una doppietta del grande Roger Milla e vedono gli ottavi di finale.

Nel gruppo C torna in corsa la Scozia, che supera per 2-1 la Svezia tagliandola fuori dagli ottavi. Si conferma, ma senza entusiasmare, il Brasile di Lazaroni, che ha la meglio di misura sulla solida e sorprendente Costa Rica.

Nel girone D valanga tedesca sugli Emirati Arabi Uniti, che perderanno anche di goleada ma si tolgono la soddisfazione di violare la porta teutonica: il gol segnato da Ismail nel 5-1 finale passerà legittimamente alla storia. Di grande peso la vittoria jugoslava sulla Colombia: l'1-0, firmato a Bologna da un guizzo di Jozić, rilancia le ambizioni di qualificazione di Dragan Stojković e compagni.

Nel gruppo E si fa critica la situazione del pur talentuoso Uruguay, che dopo il pareggio con la Spagna perde di schianto con il Belgio (1-3) e rischia di dire addio anticipatamente alla competizione. Con lo stresso risultato e con una tripletta del regale Míchel, centrocampista-gioiello del Real Madrid, la Spagna regola la Corea del Sud, prenotando gli ottavi.

Nel gruppo F grande attesa per la supersfida di Cagliari tra Inghilterra e Olanda, ma la montagna partorisce il topolino: uno 0-0 sorprendentemente avaro di emozioni e di spunti tecnici rimanda per entrambe le squadre il discorso qualificazione al terzo turno.

Finisce a reti bianche, alla Favorita di Palermo, anche Irlanda-Egitto.

GARA N.3

ITALIA-CECOSLOVACCHIA, GRUPPO ELIMINATORIO A

STADIO OLIMPICO DI ROMA

19 giugno 1990. Obiettivo: Roma.

Italia e Cecoslovacchia, entrambe a punteggio pieno e appaiate a quota quattro in classifica, hanno già passato il turno, ma chi vincerà questa partita resterà all'Olimpico anche per il successivo ottavo di finale. Per gli Azzurri continuare a respirare la magia delle notti romane è fondamentale: tra la squadra e i tifosi della capitale si è ormai creata un'empatia viscerale, che sarebbe un peccato – e un grande rischio – spezzare.

Ma l'avversario di oggi è di gran lunga il più pericoloso del girone: quella Cecoslovacchia che coniuga sostanza e qualità, con un duo offensivo perfettamente assortito tra la velocità del peperino Knoflíček e la prestanza fisica del bomber Tomáš Skuhravý. Molto temibile anche il granitico centrocampo cecoslovacco, che gli italiani cercheranno di scardinare con l'inventiva dei loro interpreti: Berti, De Napoli, Giannini e Donadoni.

Ancora assente Ancelotti, Vicini deve rinunciare anche all'infortunato Vialli. E allora rimescola le carte: bocciato stavolta Carnevale, il ct punta tutto sull'inedito tandem Roberto Baggio-Schillaci. Il fantasista di Caldogno fa il suo debutto assoluto al Mondiale, mentre per il numero 19 di Palermo c'è finalmente la promozione a titolare dal primo minuto.

L'obiettivo, con questa mossa tattica, è quello di prendere d'infilata i legnosi difensori cecoslovacchi con la rapidità dei due brevilinei azzurri. In difesa confermato il solito blocco, con Baresi, Ferri, Bergomi e Maldini.

Squadre agli ordini del francese Quiniou, il quale purtroppo si rivelerà in serata tutt'altro che felice.

L'Italia inizia a spron battuto, e non esita ad assumere l'iniziativa alzando subito il pressing. Le veloci combinazioni dei padroni di casa stordiscono gli uomini del ct Jozef Vengloš, che capitolano già al 9′. Calcio d'angolo dalla destra di Donadoni, parabola indirizzata fuori area per la battuta al volo di Giannini, che schiaccia un tiro senza troppe pretese; sulla traiettoria interviene però proprio lui, il nuovo Totò nazionale, che indirizza di testa sotto la traversa togliendo ogni chance di intervento al portiere Stejskal.

Lo stadio è in visibilio per l'attaccante tascabile dagli occhi spiritati, che neanche un minuto dopo potrebbe siglare la doppietta: Berti irrompe sulla sinistra, triangola con Roberto Baggio, si incunea in area e mette al centro per il solissimo Schillaci, che non riesce ad agganciare a due passi dalla porta sguarnita con il portiere completamente fuori causa.

Dopo l'avvio a tutta birra, l'Italia rifiata per alcuni minuti per poi tornare a spingere sull'acceleratore al 30′, confezionando un'altra azione spettacolare. Ancora un triangolo stretto ad alta velocità sulla trequarti, stavolta tra Donadoni e De Napoli, con quest'ultimo che apre sulla destra in area per l'insolita incursione di capitan Beppe Bergomi; il cross a spiovere viene raccolto sul versante opposto da Baggio, che controlla in grande stile, si porta la palla sul sinistro e poi calcia a incrociare. Ottima la risposta di Stejskal, che si accartoccia e para.

I nostri sono scatenati, e ai poveri cecoslovacchi sembra di stare sulle montagne russe. Gli Azzurri addirittura esagerano, concedendosi preziosismi su preziosismi. Al 35′ Berti imposta a centrocampo e tocca per il tarantolato Baggio, che smista di prima per Giannini il quale, sempre di prima, gli restituisce il pallone lanciandolo sulla corsia di sinistra a tu per tu con Stejskal; il portiere è ancora decisivo nel chiudere lo specchio in uscita all'attaccante di Caldogno.

Gli italiani spuntano da tutte le parti. Al 42′ Baggio dalla sinistra pennella al centro per Giannini, che con una straordinaria intuizione accomoda la palla di petto per l'accorrente Berti; l'inserimento in area dell'interista culmina in un sinistro strozzato a pochi metri da Stejskal, che per l'ennesima volta ha buon gioco nell'arginare la minaccia.

Si va al riposo sull'1-0, e la Cecoslovacchia deve ringraziare il proprio portiere e la buona sorte se il match è ancora aperto. I tanto incensati attaccanti ospiti finora risultano non pervenuti, mentre il pubblico dell'Olimpico si è lustrato gli occhi nell'ammirare la sfavillante bellezza dell'undici di Vicini.

Nando De Napoli, nel ricordare questa partita e più in generale tutto il Mondiale degli Azzurri, rievoca le scorribande di uno straripante Donadoni:

> Raramente ho visto qualcuno in grado di saltare l'uomo come lo saltava Roberto, e anche oggi faccio fatica a trovare qualche giocatore che possa reggere tecnicamente il confronto. Calciava indifferentemente di destro e di sinistro, svariava su tutto il fronte, partiva dalla fascia per poi accentrarsi e andare al tiro: veramente un giocatore straordinario.

Sulla stessa falsariga anche il commento di Beppe Bergomi, che si estende alla descrizione dello stile di gioco prediletto dal ct ed espresso in maniera emblematica nel primo tempo contro i cecoslovacchi:

> La filosofia di Vicini era quella di giocare in grande velocità. Schierava giocatori rapidi, in grado di ribaltare fulmineamente l'azione, e Donadoni era l'interprete ideale in questo senso. Tra l'altro Roberto si poteva permettere anche di andare a concludere in porta, grazie al fatto che c'era sempre De Napoli a coprirgli le spalle: Nando era l'elemento più prezioso e attento da un punto di vista tattico, perché doveva e sapeva dare equilibrio alla squadra. Soprattutto sulla destra, quando Donadoni si era lanciato in qualche incursione offensiva.

Nel secondo tempo però i giocatori in maglia bianca provano subito a far capire ai padroni di casa che la musica è cambiata. Una sventola di Chovanec di sinistro dai venticinque metri impegna Zenga in una parata plastica e per nulla agevole. Il numero uno interista devia con bravura sopra la traversa.

Al 5′ proprio Donadoni, anticipato in uscita da Stejskal, si infortuna ed è costretto a dare forfait: è un brutto colpo per l'Italia, che perde la sua principale fonte di ispirazione offensiva. Vicini lo rimpiazza con De Agostini, per dare dinamismo all'azione.

Cinque minuti più tardi, l'arbitro Quiniou decide che è giunto il momento di prendersi la ribalta dell'Olimpico. Il direttore di gara riesce nell'impresa di non vedere un rigore solare su Schillaci, falciato in piena area da un tackle kamikaze dell'irruento Skuhravý. Il cenno che fa la giacchetta nera è chiarissimo: il numero 19 si è buttato. Peccato che le immagini televisive sconfessino impietosamente l'interpretazione arbitrale.

Ma Quiniou vuole essere salomonico, e allora una manciata di minuti più tardi ferma Tomáš Skuhravý, smarcato da Moravčík con un'illuminante verticalizzazione in piena area a pochi passi da Zenga, in presunta posizione di fuorigioco. Poi la punta genoana scarica inutilmente in rete: anche in questo caso le immagini condannano il francese e il suo assistente di destra, che ha alzato la bandierina.

Neanche il tempo di rifiatare e Berti lancia nello spazio Schillaci, che ingaggia un duello uno contro uno in campo aperto con lo stopper avversario, lo salta con un tunnel e si presenta davanti al portiere; decisiva l'uscita in spaccata del numero uno cecoslovacco, che fa rimbalzare il pallone sullo stesso Totò. Poi la difesa recupera e allontana.

Al 15′ Vengloš capisce che, per impensierire gli Azzurri, deve osare di più. Toglie il numero 14 Weiss, impalpabile, e inserisce un'altra punta da affiancare a Skuhravý e Knoflíček: il possente Griga.

Ma l'Italia non si scompone: per tutta risposta Roberto Baggio riceve palla sul versante mancino, converge verso il centro lasciando sul posto un avversario e serve Schillaci, che intanto si è defilato sulla destra. Quest'ultimo, di prima intenzione, premia l'inserimento centrale di Giannini, che prende d'infilata la difesa cecoslovacca e, giunto a tu per tu con Stejskal, lo supera con destro chirurgico a incrociare. La palla sta rotolando in porta, ma capitan Hašek riesce, con un intervento disperato, a salvare miracolosamente.

Eppure la minaccia per la truppa di Azeglio Vicini, come ha dimostrato l'errore del guardalinee sul suggerimento di Moravčík per Skuhravý solo pochi minuti prima, è sempre in agguato. E stavolta la topica di Quiniou e compagnia fischiante è sesquipedale: è appena scoccato il 20′ quando Knoflíček scodella in mezzo all'area un traversone con il contagiri per la testa di Skuhravý, abile nel sovrastare De Napoli e Maldini e nel fare da torre per il neoentrato Griga, appollaiato sul secondo palo. L'attaccante, con Zenga fuori causa, incorna in rete in beata solitudine, portando la Cecoslovacchia sull'1-1. Ma l'assistente dell'arbitro non è d'accordo, e segnala un fuorigioco inesistente facendo annullare il gol. In realtà, sull'assist di Skuhravý Griga era in posizione regolare di almeno un metro.

Sarebbe stata la prima rete incassata dagli Azzurri a Italia '90. E allora, dopo essere stati graziati, i nostri corrono ai ripari: Vicini richiama in panchina il volenteroso De Napoli per rinforzare la difesa con un mastino come Vierchowod: è la risposta alle tre punte schierate da Vengloš.

Due minuti più tardi Nicola Berti, visto l'andazzo della serata, prova a infierire su Quiniou: devia in fondo al sacco con la mano una sforbiciata di Baggio su cross morbido di Schillaci nella speranza di non essere visto, ma per una volta l'arbitro azzecca la decisione e sanziona l'azzurro. Sarebbe stato il colmo convalidare il 2-0 dopo la rete del pareggio letteralmente scippata ai cecoslovacchi.

Troppe ombre gravano su questa partita dell'Italia: rischiano perfino di minare la legittimità del successo che sta maturando. E allora, com'è nella tradizione del genio italiano, giunge il momento del colpo d'artista improvviso, in grado di rapire l'immaginazione dei calciofili di tutto il mondo.

Baresi salva con perfetta scelta di tempo in area su Skuhravý. Poi, magicamente, la lampadina del deus ex machina di Caldogno si accende. È il 33′ quando Roberto Baggio triangola sulla sinistra con Giannini, punta palla al piede Hašek, lo salta secco, si accentra ai venticinque metri con andatura dinoccolata e ubriacante, sfida il roccioso Kadlec, lo sbilancia con ripetute finte di corpo e poi, una volta giunto dentro l'area, spiazza il portiere Stejskal calciando di interno destro sul primo palo.

È un gol di incantevole bellezza, che rivela la stella di un predestinato il cui nome, a partire da questo Mondiale, incendierà i cuori dei pallonari di ogni patria e religione.

Dopo un tale capolavoro, il resto della partita non può che essere un purissimo accidente. Si arriva velocemente al 90′ senza altri sussulti e l'Italia può festeggiare un successo meritato, nonostante le giustificate recriminazioni dei cecoslovacchi, che la proietta agli ottavi di finale contro la terza classificata del gruppo E: l'Uruguay.

Azzurri primi nel girone, dunque. Ma, a distanza di ventotto anni e con il senno di poi, c'è chi si domanda se giocare alla morte contro i cecoslovacchi per disputare anche gli ottavi e i quarti a Roma, con il (pur remoto) rischio di incrociare l'Argentina di Maradona proprio a Napoli in semifinale, sia stata la scelta giusta. È Giuseppe Giannini, che ricorda come se fosse ieri le pressioni dei dirigenti dell'epoca affinché l'Italia «non facesse calcoli» e «giocasse sempre al cento per cento».

L'ipotesi di classificarsi deliberatamente secondi e finire così dalla parte del tabellone più «agevole» – lontano da Argentina e Brasile – non venne dunque contemplata dagli Azzurri, che volevano continuare a dare fuoco alle polveri di un entusiasmo popolare sempre più strabordante. «Avremmo potuto collocarci dalla parte del tabellone con vista su semifinale a Torino, tirando il freno a mano nella sfida contro la Cecoslovacchia e lasciando agli avversari il primo posto nel girone» riflette l'ex Principe giallorosso. «Qualificandoci come secondi magari avremmo poi avuto un destino completamente diverso. Senza contare che avremmo potuto fare pure un po' di prezioso turnover nella gara con i cecoslovacchi, concedendo un turno di riposo ai titolari.»

Ma questa super Italia deve essere in grado di affrontare e battere qualsiasi avversario, a prescindere dai possibili condizionamenti ambientali. E il prossimo capitolo da scrivere, come detto, si chiama Uruguay: sarà una sfida tosta e affascinante. La prima a eliminazione diretta. Ma il fattore Roma, spera il ct Vicini, ancora una volta potrà fare la differenza.

LE ALTRE PARTITE

Alla Cecoslovacchia, giunta seconda nel girone, toccherà affrontare la Costa Rica, qualificatasi a sorpresa grazie a una bella vittoria per 2-1 in rimonta a Genova contro la Svezia.

Nel gruppo B la larga sconfitta subita a Bari contro l'Urss (0-4), frutto di una prestazione svagata, non pregiudica al Camerun la qualificazione agli ottavi da prima classificata, con quattro punti. Piuttosto, questa partita rende un po' meno amaro il commiato di una selezione, quella sovietica, partita con grandi ambizioni ma ripiegata sulla propria inconcludenza, pari solo al talento purissimo e sprecato di molti dei suoi interpreti. Anche se non va dimenticato l'episodio decisivo della seconda «mano de Dios» di Maradona, senza il quale Protasov e compagni avrebbero probabilmente scritto un'altra storia mondiale.

E, a proposito di Maradona, il Pibe de Oro non brilla al San Paolo di Napoli, dove senza stuzzicare la fantasia dei palati fini l'Argentina si accontenta di un rachitico 1-1 con la

Romania (segnano prima Monzón e poi Balint), acciuffando per i capelli la qualificazione agli ottavi da terza ripescata.

Un po' pochino per i campioni uscenti, che mettono in mostra un calcio difensivo e utilitaristico basato solo su una difesa di taglialegna e sugli acuti dei solisti baciati dal genio: Maradona, certo, ma anche Burruchaga e un velocissimo Claudio Caniggia.

Per ora può bastare, ma a che santo si voterà l'Albiceleste contro il Brasile, che incrocerà nell'ottavo del Delle Alpi a Torino?

Proprio i verdeoro consolidano il primato nel gruppo C con la vittoria sulla Scozia (segna Müller), chiudendo a punteggio pieno. Come detto passa il turno anche la frizzante Costa Rica, sempre meno oggetto misterioso e sempre più splendida realtà di Italia '90.

Il gruppo D regala una sfida al cardiopalma a San Siro tra Germania dell'Ovest e Colombia. La sceneggiatura impazzita del match assegna ai tedeschi il gol del vantaggio proprio al 90′, quando ormai lo 0-0 sembrava inevitabile: al termine di una bella azione Littbarski fulmina Higuita sul primo palo.

Ma il bello deve ancora venire: all'ultimo secondo di gioco si accende l'estro scintillante di Carlos Valderrama, che trova un corridoio magico per Rincón lanciandolo verso Illgner. Il tocco beffardo del colombiano sotto le gambe del portiere sancisce l'1-1 e piazza i sudamericani al terzo posto, a quota tre: agli ottavi affronteranno la rivelazione Camerun.

Oltre a Germania dell'Ovest e Colombia passa anche la Jugoslavia, sbarazzatasi facilmente della «cenerentola» Emirati Arabi Uniti: 4-1 il punteggio a Bologna, con doppietta di Pančev. Sì, proprio lui: quel Darko Pančev che a Milano, sponda nerazzurra, ricordano bene… ma forse preferirebbero dimenticare.

Un altro gol segnato fuori tempo massimo decide le sorti di una squadra del gruppo E: l'Uruguay. Grazie al guizzo allo scadere di Daniel Fonseca contro la Corea del Sud gli uomini di Tabárez sbarcano agli ottavi per il rotto della cuffia. Anche loro come detto vengono ripescati in quanto terzi classificati.

Nello spareggio per il primo posto la Spagna piega il Belgio per 2-1 a Verona, con il solito Míchel in rete su rigore. Gli iberici mettono in mostra un football fantasioso e molto tecnico, che tuttavia non li porterà lontano nel torneo.

Chiusura per il gruppo F. L'Inghilterra stacca il pass per gli ottavi battendo a fatica l'Egitto con una rete del difensore Wright, così come Olanda e Irlanda che non si fanno male nella sfida di Palermo: 1-1 targato Ruud Gullit e Quinn.

Primi gli inglesi, dietro di loro irlandesi e Orange. Fanno le valigie invece, nonostante abbiano dimostrato buona organizzazione tattica e una certa solidità difensiva, gli egiziani. Ma loro il Mondiale l'hanno già vinto: il pareggio per 1-1 con i campioni d'Europa olandesi vale da solo la trasferta italiana.

Si disegnano così otto partite a eliminazione diretta di notevole fascino e tradizione, a partire da alcuni superclassici.

Imperdibile Brasile-Argentina, in programma a Torino. I brasiliani, contrariamente alle loro abitudini, hanno dato prova di buona compattezza e hanno presentato al Mondiale una squadra equilibrata, che forse difetta in estro e imprevedibilità rispetto ad altre storiche formazioni verdeoro ma che agli avversari, di fatto, fin qui ha lasciato solo le briciole.

L'Argentina si aggrappa a un Maradona in condizioni di forma non perfette e a una difesa blindatissima per provare a spaventare i carioca, ma le difficoltà incontrate nella fase a gironi non lasciano presagire nulla di buono. Secondo gli addetti ai lavori e i tifosi tutto dipenderà dalla prestazione del Brasile, padrone del proprio destino.

Occhi puntati anche su un'altra sfida totale: quella di San Siro tra Germania dell'Ovest e Olanda. È, tra l'altro, una sorta di derby tra gli interisti tedeschi Klinsmann, Matthäus e Brehme e i milanisti olandesi Gullit, Rijkaard e van Basten. Confronto tra due scuole calcistiche tanto importanti quanto filosoficamente diverse, vede leggermente favoriti i tedeschi in considerazione soprattutto del balbettante cammino degli Orange nella fase a gironi. Gullit e compagni, involuti e vulnerabili in difesa, sembrano aver smarrito lo smalto che li aveva portati a conquistare con pieno merito il Campionato Europeo del 1988. Ma, con così tanti campioni in campo tutti insieme (da non dimenticare anche Völler e Koeman, Riedle e Kieft, Littbarski e Winter), fare un pronostico secco sarebbe azzardato.

Il talento scende in campo con Spagna-Jugoslavia: al palleggio e alla tecnica degli iberici si contrappone il genio jugoslavo, che ha in Dragan Stojković il suo principale alfiere.

Grandissima curiosità suscita poi il match più esotico della serie degli ottavi: Camerun-Colombia. Per qualcuno i Leoni Indomabili hanno già vissuto il loro sogno accedendo al club ristretto delle sedici migliori nazionali del mondo. Non vorranno mica sperare di raggiungere addirittura i quarti, per giunta contro una Colombia estremamente attrezzata e ricca di inventiva. I sudamericani appaiono i chiari favoriti, anche perché possono contare sull'apporto di un Valderrama – deus ex machina e motore pensante della squadra – in condizioni eccezionali. I camerunensi hanno dalla loro la spensieratezza, il vigore atletico e soprattutto Roger Milla, bomber icona dalle trentotto primavere.

Intrigante il confronto del Dall'Ara di Bologna tra Inghilterra e Belgio. La tradizione sarebbe dalla parte degli inglesi, ma attenzione ai Diavoli Rossi: nel girone hanno travolto l'Uruguay e sono stati superati di misura soltanto dalla Spagna, mettendo in mostra uno Scifo da mille e una notte. Il pronostico è quanto mai incerto.

La gara sulla carta meno avvincente è quella di Bari, che vede la Cecoslovacchia contrapposta alla Costa Rica. Nonostante l'effetto sorpresa di Cayasso e compagni, gli europei possono solo farsi del male da sé: i cecoslovacchi sono di almeno due categorie superiori agli avversari, che già hanno compiuto un'impresa memorabile nel qualificarsi agli ottavi.

A Genova la fisicità e la forza d'urto degli irlandesi, che hanno fruttato due pareggi prestigiosi contro Inghilterra e Olanda, si scontreranno con il gioco palla a terra dei rumeni, che nei pronostici della vigilia partono favoriti. Mai dare per spacciati, comunque, i verdi di Dublino.

Ma ora è giunto il momento di allacciarsi le cinture e trattenere il respiro. Nell'inferno dell'Olimpico di Roma sta per andare in scena lo spettacolo di Italia-Uruguay.

GARA N.4

ITALIA-URUGUAY, OTTAVO DI FINALE

STADIO OLIMPICO DI ROMA

In campo, il 25 giugno, vanno ben cinque coppe del mondo: la sfida tra Europa e Sudamerica ha sempre un fascino particolare. Tra l'altro, il confronto sarà tra giocatori che all'Italia sono (o saranno) legati a doppio filo: il peperino dell'attacco uruguagio è quel Carlos Pato Aguilera che furoreggia nel Genoa di Franco Scoglio. Stessa squadra in cui milita il ruvido centrocampista Perdomo.

Il difensore Nelson Gutiérrez è una colonna del Verona. In più le due stelle della Celeste, il delizioso Enzo Francescoli e la guizzante ala sinistra Daniel Fonseca, vestiranno nel prossimo campionato la maglia del Cagliari, neopromosso in serie A. Infine in panchina, al fianco del ct Óscar Washington Tabárez – detto Il Maestro – si accomoda quel Rubén Sosa che sta ben impressionando con la maglia biancoceleste della Lazio.

In questa sorta di derby dell'Olimpico, dunque, tantissimi sono gli incroci e i motivi di interesse: al talento dei palleggiatori italiani si contrappone l'estro e la classe degli avanti uruguaiani, abili soprattutto nello sfruttare gli spazi larghi.

Vicini, nel primo delicatissimo match da dentro o fuori del Mondiale, deve rinunciare all'infortunato Donadoni e allora inserisce dal primo minuto De Agostini, il cui dinamismo negli sganciamenti offensivi può costituire l'arma vincente per sparigliare le carte del centrocampo sudamericano. Per il resto solito blocco confermato, con Berti titolare al posto di Ancelotti e coppia di guastatori Baggio-Schillaci rilanciata per fare faville anche contro la Celeste.

Tabárez punta su un atteggiamento prudente, tenendo un baricentro basso per poi scatenare i contropiede affidati al tridente Francescoli, poeta ispiratore della squadra, Aguilera-Fonseca.

Dirige l'incontro il britannico Courtney.

La partenza degli Azzurri, caricati a pallettoni, è a mille, e incendia lo stadio romano. Non sono passati neanche trenta secondi dal fischio d'inizio e De Napoli suggerisce in profondità per Schillaci il quale, di testa, premia la sovrapposizione sulla destra di Roberto Baggio; il numero 15 butta un occhio al centro e mette in mezzo per lo stesso Schillaci, che in semirovesciata spedisce di poco sul fondo alla sinistra del portiere Alvez.

L'Uruguay è ridotto subito a miti consigli, mentre l'Italia dimostra di voler azzannare la partita. E insiste rabbiosamente: al 5′ un lungo lancio di Baresi trova la sponda di testa di Baggio, che conferma la perfetta intesa con Schillaci allungando la palla in area per il palermitano il quale, disturbato da un difensore, non riesce ad anticipare il pronto intervento in uscita di Alvez.

Poco dopo Baggio disegna su punizione una parabola perfetta che si insacca nell'angolino alla sinistra di Alvez, ma il direttore di gara è attento e annulla: la battuta era di seconda.

Il primo break dei sudamericani giunge al quarto d'ora, con un inserimento di Aguilera sul versante sinistro dell'area: la punta genoana sfugge a Bergomi, si presenta davanti a Zenga alle soglie dell'area piccola ma calcia con il mancino da posizione troppo defilata. Facile la parata sul primo palo dell'estremo difensore azzurro.

Ma è un lampo nel deserto. Passano un paio di minuti e Baggio è steso senza tanti complimenti ai venti metri da Perdomo con un tackle a tenaglia da dietro: il capelluto centrocampista è già il terzo ammonito tra le fila della Celeste, dopo Aguilera e il portiere Alvez per perdita di tempo.

Gli ospiti puntano sul gioco duro per intimidire gli Azzurri, stroncando sul nascere le loro rapide triangolazioni. «L'Uruguay era una squadra tecnicamente e tatticamente molto simile all'Argentina» ricorda De Agostini ripensando a quell'ottavo di finale. «Spezzavano il gioco, non consentivano il palleggio, combattevano su tutti i palloni. Cercavano di distruggere la nostra manovra sul nascere, sfiancandoci anche sul piano psicologico. Contro questi avversari se non riesci a blindare la partita rischi sempre di pagare dazio alla distanza. Per questo siamo entrati in campo decisi a segnare il più presto possibile: per scrollarci di dosso la pressione uruguaiana.»

Quanto al gioco duro, i ragazzi di Vicini ricambiano con la stessa moneta: Berti abbatte brutalmente Enzo Francescoli con un intervento scomposto da cartellino «arancione». All'interista va di lusso e l'arbitro Courtney opta per una semplice ammonizione. L'unico rammarico sta nel fatto che Berti, essendo già stato ammonito in una delle gare precedenti, salterà automaticamente l'eventuale quarto di finale.

Italia pericolosa, nella fase centrale del primo tempo, più che altro sui calci da fermo: Ferri batte dai trenta metri e la traiettoria si alza di poco sopra la traversa, complice la deviazione di un sudamericano. Ma il gioco dei padroni di casa, da qualche minuto, ristagna a centrocampo. La manovra, involuta e farraginosa, sembra mancare della brillantezza necessaria per fare breccia nel muro uruguagio. Anzi, adesso sui rovesciamenti di fronte i velocisti di Tabárez mettono i brividi ai nostri centrali: un'elegante verticalizzazione di esterno destro di Francescoli innesca il temibile Fonseca, che si decentra sulla sinistra e, da posizione molto angolata, batte a rete sulla pressione ravvicinata di Baresi: palla deviata in calcio d'angolo.

Il primo tempo termina su questo canovaccio tattico: Italia che prova a fare la partita ma si infrange contro la barriera eretta a centrocampo dagli avversari, e Uruguay potenzialmente letale negli spazi.

La strategia ostruzionistica del Maestro di Montevideo sta funzionando: il ricorso alle maniere forti e al fallo sistematico sta infastidendo gli Azzurri, togliendo loro la consueta lucidità.

In avvio di ripresa un episodio restituisce subito coraggio agli uomini di Vicini. Un lunghissimo lancio dalle retrovie di Baresi manda fuori giri i centrali avversari, che non si capiscono e favoriscono l'inserimento di Schillaci, il quale si infila in un corridoio e batte a colpo sicurissimo a due passi da Alvez. Strepitosa la risposta del portiere, che intercetta d'istinto con la mano di richiamo e sventa un gol fatto.

Non pago, l'estremo difensore del Peñarol sale in cattedra anche pochi minuti dopo, quando vola all'angolino di sinistra a cavar fuori dalla porta la violenta conclusione a mezz'altezza su punizione di De Agostini. L'azzurro non si capacita: la deviazione di Alvez ha dell'incredibile.

Intanto il nostro commissario tecnico ha deciso di sfruttare il momento favorevole per lanciare l'assalto: al 9′ dentro Aldo Serena, un'altra punta, al posto di Berti. Lo stesso Serena al 15′ riceve un calcio in faccia, tutt'altro che involontario, da Gutiérrez: anche il difensore del Verona se la cava a buon mercato, venendo solo ammonito.

La mossa di Vicini, tanto per cambiare, si rivela decisiva. Scocca il 20', e un pallone a campanile viene raccolto a centrocampo da Baggio e indirizzato di prima verso Serena: l'attaccante interista fa filtrare per il solito Schillaci, l'uomo del destino, che si inserisce centralmente e dai diciotto metri esplode un sinistro alla trinitroglicerina che fulmina il pur prodigioso Alvez, questa volta colto leggermente fuori dai pali.

È il più bel gol di Totò a Italia '90, un perfetto connubio di potenza e precisione che gonfia la rete e fa ruggire l'Olimpico. Il pubblico romano si spella ancora le mani per il palermitano col numero 19, che sblocca una gara rognosissima e indirizza il match sui binari più congeniali agli Azzurri. Ora infatti è l'Uruguay a doversi scoprire per inseguire il pareggio, ed è facile prevedere che i funamboli italiani troveranno ampi spazi, in campo aperto, per mettere in mostra la loro qualità e fantasia.

«Con Baggio e Schillaci diventavamo devastanti negli spazi aperti» osserva a tal proposito Nando De Napoli «perché con la loro rapidità negli scatti e nel gioco di gambe favorivano le combinazioni palla a terra e le verticalizzazioni che li mandavano in profondità in situazioni di uno contro uno. È vero che noi, come squadra, sapevamo sia attendere l'avversario che aggredirlo, ma è innegabile che, forti di una difesa eccezionale, esprimevamo il meglio quando potevamo sfruttare al massimo in contropiede la fantasia di interpreti come Donadoni e, appunto, Baggio e Schillaci. La tecnica sopraffina – unita alla velocità – dei centrocampisti e degli attaccanti ci permetteva di arrivare facilmente in porta quando avevamo campo a disposizione per attaccare. Donadoni andava a nozze negli spazi aperti, così come Baggio, e l'assistenza di un rifinitore come Giannini era una garanzia per Schillaci, che in men che non si dica si ritrovava solo davanti al portiere.»

A ogni modo, subito dopo la rete di Schillaci con l'Uruguay il tema tattico non cambia più di tanto, perché gli ospiti non danno l'impressione di voler e poter imprimere alla partita quel cambio di ritmo che appare imprescindibile per impensierire gli Azzurri. La reazione al vantaggio azzurro si esaurisce in un tiro da distanza siderale di Perdomo che Zenga accompagna, senza apprensione, in calcio d'angolo.

Visto che i sudamericani non riescono mai ad arrivare in porta con l'azione ragionata, ancora Perdomo pochi minuti dopo si esibisce in una conclusione da posizione impossibile, a più di quaranta metri dalla porta di Zenga. Il buon Walter si accartoccia sulla sua sinistra e blocca fischiettando.

Poco più tardi si verifica quello che era inevitabile accadesse. Gli uruguagi finalmente hanno alzato il baricentro e l'Italia, una volta che i suoi palleggiatori entrano in possesso della sfera, imperversa negli spazi larghi. Baggio salta secco a centrocampo con un gran dribbling Rubén Pereira e poi imbecca centralmente Schillaci, che scatta in posizione regolare e ingaggia un duello uno contro uno con il portiere Alvez; quest'ultimo è bravissimo a temporeggiare restando in piedi, chiudendo a Totò lo spazio per la conclusione e obbligandolo a decentrarsi. Non inquadrando più nel mirino lo specchio della porta, il numero 19 tocca all'indietro per l'accorrente De Agostini, il quale da appena fuori area scocca un diagonale che sfila di un soffio a lato e, per un nonnulla, non trova il tocco di Aldo Serena a due passi dalla rete sguarnita.

Ma l'attaccante dell'Inter si rifà ben presto. Mancano cinque minuti alla fine dell'incontro. Giannini pennella dalla trequarti destra un calcio di punizione col contagiri sulla testa di Serena, che inzucca in rete sovrastando in elevazione Gutiérrez e indirizzando la palla nell'angolino alla destra di un immobile Alvez.

«La gioia per la rete segnata all'Uruguay è stata immensa» sorride Serena rivivendo quello stacco poderoso e sottolineando che «si è trattato di un gol anche inaspettato, perché forse in quell'occasione aveva sbagliato il portiere, avanzando di qualche metro di troppo e restando inchiodato nella cosiddetta terra di nessuno. Dopo la rete, l'abbraccio con il pubblico di Roma che sventolava bandiere tricolori è stato un qualcosa di indescrivibile. Io poi vengo da una regione piuttosto freddina come il Veneto, anche se nell'animo mi sento più passionale, diciamo mediterraneo, che nordico. Per cui quei momenti mi hanno toccato dentro e sono rimasti indelebili nella mia memoria.»

Il raddoppio di Serena è il punto esclamativo su una vittoria tanto sudata quanto meritata. Non è stato facile venire a capo della combattività degli uruguaiani, e anche l'ultimo pericolo per gli Azzurri sfuma al 43′, quando lo specialista Francescoli spedisce sul fondo un goloso calcio piazzato dalla lunetta dell'area di rigore.

All'Olimpico c'è aria di festa, perché siamo tra le prime otto squadre del mondo.

Obiettivo minimo della selezione di Vicini raggiunto. Ma è adesso che viene il bello: la posta si alza e, per giocarsi un posto tra le quattro elette di Italia '90, i nostri scenderanno in campo ancora una volta nell'ormai benedetto impianto romano il prossimo 30 giugno contro l'Eire.

GLI ALTRI OTTAVI DI FINALE

I verdi di Dublino si sono qualificati ai calci di rigore a spese della talentuosa Romania dopo un match tiratissimo finito a reti bianche (errore fatale di Timofte, proprio all'ultimo penalty).

Accedere alle semifinali, per gli Azzurri, si preannuncia tutt'altro che impossibile. L'intero Stivale comincia a sognare.

Finisce di sognare invece il Brasile, che vive una delle più memorabili disfatte della sua storia. Nel grande classico contro l'Argentina i verdeoro spadroneggiano, convincono, costruiscono palle gol a ripetizione. Già nel primo tempo Careca manda in tilt la difesa albiceleste con uno scatto travolgente e, dopo aver elegantemente superato due difensori, viene contenuto in uscita da un monumentale Goycochea; Alemão spara alle stelle da buonissima posizione appena fuori dall'area; Dunga colpisce un clamoroso legno a portiere battuto con un colpo di testa di chirurgica precisione. Argentina non pervenuta.

Nella seconda frazione il timore della beffa comincia a farsi largo tra i brasiliani nel preciso istante in cui, in seguito a un'azione convulsa, Careca con un tiro cross e poi Alemão con una terrificante legnata da fuori area colpiscono un incredibile doppio palo.

Non va meglio al solito Careca quando poco dopo, su un traversone di Müller, incorna il pallone verso l'incrocio dei pali opposto: fuori di un niente, con Goycochea che può solo soffiare e pregare.

Con queste premesse, ciò che accade al 35′ della ripresa appare come l'ineluttabile compimento di un destino già scritto. Maradona, finora spettatore non pagante, si ricorda improvvisamente del gol del secolo segnato nei Mondiali messicani all'Inghilterra e regala sei secondi pieni di pura adrenalina e magia. Il Diez salta secco un avversario a centrocampo, resiste alla carica di un secondo verdeoro, ne fa fuori un terzo e, giunto ai venticinque metri, vede il taglio perfetto di Caniggia imbeccandolo con un assist che è un cioccolatino da scartare. Facile per il bomber ventitreenne superare in uscita Taffarel e depositare in rete a porta vuota.

I fantasmi di un secondo Maracanazo (celeberrima sconfitta subita contro ogni pronostico nella finale del Mondiale casalingo del 1950 contro l'Uruguay) si agitano su Rio De Janeiro, e a nulla serve il disperato assalto finale dei brasiliani. L'Argentina si impone per 1-0, capitalizzando di fatto l'unica palla gol costruita su azione, e vola ai quarti.

Il Mondiale perde già agli ottavi una delle più accreditate pretendenti al titolo.

Nell'altro scontro totale tra Germania dell'Ovest e Olanda a prevalere sono i tedeschi, al termine di una partita vibrante. Il risultato finale è di 2-1, ma sia i teutonici che gli olandesi gettano al vento numerose palle gol che avrebbero potuto rendere il punteggio più pirotecnico.

Alla fine del match, tuttavia, resta viva l'impressione di una selezione, quella tedesca, più convinta e organizzata, che legittima il successo contro un'Olanda lontana parente della squadra schiacciasassi che appena due anni prima aveva conquistato l'Europeo.

Le stelle di van Basten, Gullit e Rijkaard sono sbiadite. Anzi, il buon Frank si fa perfino espellere in un duello da far west con Völler, anche lui spedito sotto la doccia per aver reagito alle provocazioni del milanista. Le immagini televisive, però, mostrano chiaramente uno sputo dell'olandese diretto al volto di Völler: questo gesto passerà alla storia come l'istantanea negativa di Italia '90.

Le reti sono di Klinsmann e Brehme (magnifica parabola dal vertice dell'area a girare verso il secondo palo) per la Germania dell'Ovest, di Koeman su rigore a una manciata di minuti dalla fine per gli Orange.

Spettacolo anche in Spagna-Jugoslavia, sfida tra due team dall'altissimo tasso tecnico. Al Bentegodi di Verona sale in cattedra quel satanasso che risponde al nome di Dragan Stojković, che dispensa lezioni di calcio e prende per mano i compagni con lanci illuminanti e sventagliate a tagliare il campo da una parte all'altra.

La gara, tuttavia, viene interpretata meglio dagli spagnoli, che pagano una colpa atavica: quella di non riuscire a concretizzare in gol l'enorme mole di gioco prodotta. Solo nel primo tempo si contano tre nitide occasioni per i rossi di Spagna, e almeno quattro nella ripresa. Gli iberici prendono possesso del centrocampo, incalzano gli jugoslavi con un calcio fatto di possesso palla e limpide geometrie. Ma Martín Vázquez, Julio Salinas ed Emilio Butragueño fanno a gara nell'inventarsi metodi diversi per graziare il portiere Ivković.

Così, a una decina di minuti dalla fine, Stojković corona la sua partita perfetta con un controllo sublime in piena area su una palla che spiove dall'alto – che gli consente di tagliare fuori il difensore iberico – seguito da un diagonale millimetrico indirizzato nell'angolino opposto.

Il genio anarchico sembra così prevalere sulla forza del collettivo e sull'organizzazione di gioco. Se non fosse che, all'84′, Julio Salinas raccoglie un tiro incrociato di Martín Vázquez e stavolta, a pochi centimetri dalla linea di porta, davvero non può fallire: 1-1. Si va così ai supplementari, ma le speranze spagnole durano ben poco: dopo due minuti è sempre il solito Stojković a partorire una punizione perfetta nell'angolo alla sinistra di Zubizarreta, riportando avanti la Jugoslavia.

Il risultato non cambierà più, lasciando in bocca alle Furie Rosse l'aspro sapore della beffa.

Gara giocata sul filo dell'equilibrio a Bologna, tra la «certezza» Inghilterra e l'outsider Belgio. Allo scoccare dell'ultimo minuto del secondo tempo supplementare, quando tutto sembra rimandato alla giostra dei calci di rigore, David Platt si inventa una deliziosa girata al volo su una punizione pennellata in area da Paul Gazza Gascoigne, sciogliendo una matassa apparentemente inestricabile.

Vanno avanti così gli inglesi, che nei quarti incontreranno il Camerun. Sì, proprio gli indomabili africani, che dei pronostici se ne infischiano e spediscono a casa i funambolici colombiani. L'ottavo di finale del San Paolo di Napoli pare un romanzo popolare: Roger Milla, 38 anni, nume tutelare del calcio africano, ai Mondiali non ci sarebbe dovuto neanche andare. Convinto all'ultimo minuto dalla federazione camerunense, prende parte alla spedizione e si rivela decisivo per l'ennesima volta nella sua lunga carriera.

Contro la Colombia entra in campo al 54′ e, dopo lo 0-0 dei tempi regolamentari, nei supplementari confeziona una leggendaria doppietta. Il primo gol arriva dopo una bella azione personale, conclusa con un sinistro sul primo palo. Il secondo resta nella storia di Italia '90: il portiere René Higuita, solito istrione sprezzante del rischio, si avventura in un improvvido dribbling nella trequarti colombiana, facendosi strappare il pallone da Milla che, tutto solo, si fionda in rete e sigla il 2-0. Dopo entrambe le segnature il campione camerunense corre in direzione della bandierina del corner e accenna dei passi di *makossa*, danza popolare affine alla rumba africana che viene così sdoganata agli occhi del mondo.

A nulla vale il gol del 2-1 di Redín: il Camerun è ai quarti, ed è la prima volta in assoluto che una rappresentativa africana si aggiudica un incontro a eliminazione diretta nella fase finale di un Mondiale.

Nell'ultimo ottavo la Cecoslovacchia liquida senza problemi la Costa Rica, che tuttavia festeggia alla sua prima partecipazione iridata il raggiungimento di un traguardo storico. A Bari il risultato finale è un 4-1 che non ammette repliche, con tripletta di Tomáš Skuhravý.

Italia '90 è così pronta a inaugurare i quarti di finale, tra conferme e sorprese: impronosticabile l'eliminazione del Brasile, così come la qualificazione del Camerun e, seppure in minor misura, dell'Irlanda.

Proprio agli irlandesi tocca l'impresa più ardua: provare a impensierire, nella polveriera dell'Olimpico, i lanciatissimi padroni di casa. Missione – quasi – impossibile anche per la Cecoslovacchia, chiamata a sfidare una Germania dell'Ovest che con il passare delle gare assomiglia sempre di più a un meccanismo perfetto.

Tutto da scoprire il quarto Inghilterra-Camerun, in programma a Napoli: ormai chi affronta gli africani non può più considerarsi ad alcun titolo favorito, vista la fine fatta dall'Argentina e dalla Colombia. E gli inglesi, contro il Belgio, hanno sofferto fino all'ultimo secondo.

La gara potenzialmente più incerta si disputerà a Firenze, e vedrà contrapposte Argentina e Jugoslavia: entrambe, nell'ottavo di finale, sono state per lunghi tratti soverchiate dalle rispettive avversarie sul piano del gioco. Al Franchi trionferà chi saprà prevalere a centrocampo e imporre il proprio calcio o chi, più pragmaticamente, riuscirà a capitalizzare le sue occasioni da gol?

GARA N.5

ITALIA-IRLANDA, QUARTO DI FINALE

STADIO OLIMPICO DI ROMA

L'ultimo giorno di giugno è lo spartiacque decisivo del nostro Mondiale. Una vittoria consentirebbe all'Italia di giocarsi l'accesso alla finale.

Vicini aveva dichiarato che, se gli Azzurri fossero arrivati tra i primi quattro, comunque fosse andata alla fine dei conti sarebbe stato un successo. E allora lo scoglio cruciale è quell'Irlanda che non brilla per fantasia e mezzi tecnici, ma costituisce un blocco granitico arduo da superare. Squadra solida e di sostanza, la selezione del ct Jack Charlton ha imposto il pareggio nella fase a gironi a Olanda e Inghilterra e propone un calcio semplice ma efficace: difesa rocciosa, grande fisicità e valorizzazione dei cross dalle fasce e delle palle alte per le torri dell'attacco.

Per contro, nella formazione irlandese non c'è nessun elemento carismatico – storico portiere Pat Bonner a parte – in grado di fare la differenza con delle giocate risolutive. Charlton punta tutto sul blocco difensivo, sull'esuberanza del laterale Paul McGrath e di Townsend a centrocampo e sull'intesa tra i guastatori Sheedy e Quinn, autori delle due reti contro gli inglesi e gli Orange.

«Per i mass media era tutto semplice: eravamo l'Italia, giocavamo con l'Eire e non potevamo non passare il turno» ricorda Riccardo Ferri «ma noi sapevamo che avremmo incontrato delle difficoltà. Molti degli irlandesi militavano in campionati europei prestigiosi, quindi avevano dalla loro, oltre alla fisicità e all'aggressività, anche la personalità. Per queste ragioni preparammo la sfida molto meticolosamente, analizzando tutte le partite disputate dagli irlandesi al Mondiale per individuarne i punti di forza e di debolezza. Devo ammettere che c'era tanta tensione, non ci sentivamo per nulla tranquilli. Ricordo ancora quel gigante che era Quinn, alto un metro e novantaquattro, con il quale tra l'altro mi scontrai su una palla alta: poi finii all'ospedale per una risonanza magnetica.»

Sulla stessa falsariga il Principe Giuseppe Giannini:

> È sempre complicato giocare contro le squadre anglosassoni. Quella con l'Eire si presentava come una partita tirata, sporca, assolutamente da non sottovalutare. Tra l'altro loro avevano un enorme vantaggio: entravano in campo, di fatto, da vittime sacrificali. E quand'è così puoi giocare libero mentalmente, spensierato. Dal punto di vista psicologico ci trovavamo in difetto nei loro confronti, perché dovevamo a tutti i costi confermare le aspettative che milioni di italiani avevano su di noi.

Tornando alle formazioni, recupero importante tra le file dell'Italia: Azeglio Vicini ritrova Donadoni, dopo l'infortunio patito contro la Cecoslovacchia. Confermato l'esterno De Agostini, a restare fuori è sempre Ancelotti. Squalificato Berti, il centrocampo si compone di Donadoni, Giannini e dell'intoccabile motorino De Napoli dietro il solito duo d'attacco Baggio-Schillaci. Sempre ai box Gianluca Vialli.

L'arbitro è il quotato portoghese Silva Valente.

Pronti via e subito in campo si avverte la tensione per l'importanza della partita. Formazioni ingessate, molta prudenza e prolungata fase di studio a centrocampo. Il primo timido squillo è azzurro, con una punizione radente dalla lunghissima distanza di Ferri che si spegne di poco a lato.

Il primo intervento di rilievo dei due portieri, invece, è compiuto da Walter Zenga, costretto a tuffarsi plasticamente sulla sua sinistra per disinnescare un potente colpo di testa dal centro dell'area dell'aitante Niall Quinn su cross del peperino McGrath.

Un istante dopo l'Italia prova a replicare con un traversone dalla sinistra di De Agostini, solito stantuffo della fascia, sul quale Schillaci effettua una torsione di testa angolando troppo il pallone e spedendolo largamente sul fondo alla sinistra di Bonner.

Ma è difficile sfondare: gli irlandesi chiudono tutti i varchi mordendo le caviglie e il loro furore agonistico mette in difficoltà gli uomini di Vicini, spesso anticipati dai centrocampisti in maglia bianca e pantaloncini verdi.

«Si rivelò subito per quello che era: una partita tostissima» sottolinea Ferri «perché l'Eire giocava estremamente corta e compatta, affidandosi ai lungagnoni dell'attacco per fare salire la squadra. Vicini ci aveva detto di metterla sul piano del palleggio e del fraseggio corto, tenendo la sfera a terra e sfruttando le qualità tecniche di uomini come Donadoni, Giannini e lo stesso Schillaci. Attenzione, però: per capitalizzare la superiorità nei fondamentali e spuntarla sul piano tecnico, giunti a quel punto del Mondiale, è necessario avere anche delle grandi doti atletiche, perché se il palleggio e le combinazioni in velocità non sono sorrette da una condizione fisica adeguata diventano fini a se stesse.»

L'Italia in questa fase cerca di allargare il gioco sfruttando le fasce: operazione riuscita al 20′ quando, in seguito alla battuta di un calcio d'angolo, Baggio scambia con De Napoli e scodella in mezzo un pallone invitante per lo stacco prepotente di Paolo Maldini, che sceglie meravigliosamente il tempo ma incorna di mezzo metro sopra la traversa.

Sul rinvio da fondocampo di Bonner, chiaramente svirgolato, la palla viene subito recuperata da Donadoni, che verticalizza per Baggio in profondità: l'offside segnalato a Roby è inesistente, e priva il neojuventino di un intrigante tête-à-tête con il portiere irlandese.

Poco male: al 37′ l'incantesimo si rompe. L'Italia recupera un buon pallone a centrocampo, con Giannini che appoggia per Baggio. Il numero 15 salta un avversario in progressione e tocca a Schillaci, il quale scarica di prima sull'accorrente Giannini, che ha seguito l'azione; il regista romano allarga sulla sinistra per Donadoni, che si aggiusta il pallone e dai venti metri scaglia un potente tracciante diretto alla destra di Bonner. La respinta del portiere è affannosa e piuttosto corta: chi poteva avventarsi sulla sfera vagante in area se non il tarantolato siciliano con il 19 sulle spalle? Il bomber tascabile apre il compasso e colpisce di piatto destro, indirizzando il tiro nell'angolo opposto rimasto scoperto e insaccando di giustezza a fil di palo.

È un gol da vero condor d'area di rigore, che manda a carte quarantotto i piani di Jack Charlton, ribadisce che l'Italia ha trovato in Totò il suo salvatore e suggerisce ai tifosi di un Olimpico in delirio che il grosso è fatto. Ora che la cassaforte avversaria è stata scassinata, niente e nessuno potrà toglierci un posto tra i primi quattro del mondo. Si tratterà semplicemente di gestire e di ripartire, punendo gli inevitabili sbilanciamenti dei Greens.

Cosa che gli Azzurri provano a fare fin da subito: al 43′ il travolgente Baggio manda in tilt due avversari e fa filtrare sulla sinistra per De Agostini, rapido nel crossare al centro trovando il solito predatore appostato alle soglie dell'area piccola. Schillaci però si sta muovendo in arretramento e non riesce a impattare la sfera con la giusta coordinazione: il tiro, con il corpo proteso all'indietro, finisce altissimo.

Con questa iniezione di ottimismo termina un primo tempo combattuto, ma che ha visto i padroni di casa prevalere sia sul piano del gioco sia su quello delle occasioni create.

All'alba del secondo tempo l'Italia potrebbe mandare la pratica in archivio: corre il 7′ quando Schillaci si incarica della battuta di un tiro franco dai ventotto metri, in posizione centrale. Il suo destro al fulmicotone è una cannonata che per poco non frantuma la traversa di Bonner, ricadendo poi a ridosso della linea bianca. Per la verità sembrerebbe più dentro che fuori, ma è difficile stabilire se il pallone varchi completamente il limite indicato dal gesso sul prato verde.

In seguito al pericolo corso, Charlton prova a dare nuova linfa alla sua squadra rimpiazzando il pur positivo Quinn con il collega di reparto Tony Cascarino, prolifico bomber del Millwall destinato all'Aston Villa.

Gli irlandesi sembrano reagire positivamente alla scossa, ritrovando vivacità e alzando il baricentro dell'azione. Il loro dinamismo torna a dar fastidio agli Azzurri. McGrath, sempre brillante, raccoglie una corta respinta di Bergomi e tenta una difficile conclusione di controbalzo da fuori area. L'esterno destro si spegne nettamente a lato alla sinistra di uno Zenga in totale controllo.

Poco dopo è il terzino Staunton a caricare il suo temibile mancino su punizione dalla media distanza, ma il siluro viene smorzato in corner da Baresi, che esce tempestivamente dalla barriera.

Tuttavia il rischio maggiore gli Azzurri lo corrono una manciata di minuti più tardi, con una sventagliata di Morris in avanti che trova la torre di Mick McCarthy per l'inserimento in area della punta Aldridge; l'intervento di Bergomi è imperfetto e grossolano e favorisce il nuovo colpo di testa di Houghton per lo stesso Aldridge, solissimo davanti a Zenga che lo stende mentre l'irlandese sta tentando di saltarlo. A salvarci è un fuorigioco più che dubbio ravvisato dal guardalinee, che evita l'inesorabile fischio di Silva Valente: sarebbe stato rigore.

Come contro la Cecoslovacchia, gli errori degli assistenti nella lettura degli offside si rivelano fortemente condizionanti.

Nel frattempo, si rivede Carlo Ancelotti: il centrocampista del Milan ha rilevato al 18′ Giannini.

L'Italia prova a uscire dall'angolo in cui l'ha costretta la rinnovata pressione dell'Irlanda, e mette la testa fuori dal guscio con un lancio lungo d'esterno destro di Donadoni per Serena, subentrato a Baggio: il centravanti è abile ad anticipare con una frustata di testa l'uscita di Pat Bonner, ma non riesce a completare la torsione e la palla muore sul fondo.

Ben più ghiotta l'opportunità capitata alla mezz'ora allo stesso Serena, che sul suggerimento in profondità di Baresi trova il corridoio giusto per presentarsi a tu per tu con Bonner. La sfida è però vinta dall'irlandese, che con le gambe si oppone in uscita alla conclusione ravvicinata.

L'assalto finale dei Greens apre degli spazi in contropiede ai nostri, fermati da un fuorigioco ancora una volta inesistente al 44′: Donadoni verticalizza per Schillaci, parso in posizione regolare, che maramaldeggia nelle praterie irlandesi e trafigge Bonner da due passi. Ma la bandierina è di nuovo alzata.

Ultimo brivido per gli Azzurri al minuto 46 e 20 secondi. Tutto l'Olimpico trattiene il fiato: Sheedy batte una punizione dai venti metri – in posizione defilata sulla sinistra – calibrando un cross indirizzato verso il secondo palo. Ammucchiata collettiva a centro area, ma sul colpo di testa a rimettere in mezzo di McGrath Ferri anticipa Staunton e spazza via senza tanti salamelecchi.

Sul prosieguo dell'azione Silva Valente fischia tre volte: è fatta, l'Italia è nel gotha del calcio mondiale. Lo stadio è un baluginio di tricolori verdi, bianchi e rossi; l'Eire perde con il minimo scarto e con l'onore delle armi, salutata dagli applausi dei tifosi amici e avversari.

Traguardo della semifinale raggiunto, dunque. Ma l'appetito vien mangiando, e adesso che sono tra i Fantastici Quattro gli italiani non possono che puntare dritti al bersaglio grosso.

GLI ALTRI QUARTI DI FINALE

Tra gli Azzurri e la finalissima c'è però uno scoglio mica da ridere: quella Selección argentina, fatta fuori nel Mondiale del 1982 in Spagna, che brama ancora vendetta. Quell'Argentina composta da dieci onesti mestieranti del pallone più... Diego Armando Maradona.

Tanto per cambiare, i sudamericani hanno passato il turno contro la Jugoslavia con una buona dose di fortuna. Nonostante l'espulsione del difensore jugoslavo Šabanadžović, giunta al 31′ del primo tempo, l'Argentina non riesce a sfondare. La superiorità numerica non migliora un gioco che vive sulle accelerazioni estemporanee di Maradona e Caniggia, ma appare privo di una vera e propria organizzazione offensiva. Così a produrre di più sono gli jugoslavi, pur ridotti in dieci, sia durante i tempi regolamentari che nei supplementari, a eccezione di un paio di ottime parate del portiere Ivković e di un gol annullato a Burruchaga al 118′ per un fallo di mano molto dubbio.

Stojković sovrasta Maradona, crea e inventa per i compagni che però non sanno approfittare di tanta grazia. Prosinečki e Savićević mettono in mostra tutta la loro sconfinata qualità, ma non basta per bucare Goycochea e allora si finisce ai rigori: sarà il leitmotiv, il tormentone degli uomini di Bilardo a Italia '90.

La serie dei tiri dal dischetto che fa seguito allo 0-0 finale è degna della sceneggiatura di un thriller: uno sfortunatissimo Stojković – l'ultimo che avrebbe meritato tale sorte – colpisce la traversa, ma poi sbagliano Maradona (sì, proprio lui: pallone praticamente passato a Ivković) e Troglio. E qui comincia la storia, la sua storia: Sergio Goycochea, che contro l'Urss ha preso il posto del titolare Nery Pumpido – per lui rottura di tibia e perone –, illustre signor nessuno ai nastri di partenza del torneo, gela il sangue nelle vene agli jugoslavi intercettando prima il rigore di Brnović e poi quello di Hadžibegić. In mezzo il gol di Dezotti.

L'Argentina ce l'ha fatta ancora. Questa volta grazie al suo nuovo eroe nazionale, un carneade pararigori che toglie le castagne dal fuoco nel momento del bisogno.

Pianti disperati per gli jugoslavi, a undici metri dal traguardo – assolutamente alla loro portata – della semifinale.

Nel quarto di finale di San Siro la Germania dell'Ovest regola di misura la Cecoslovacchia senza soffrire più di tanto. Basta un calcio di rigore di Matthäus per trovare posto, meritatamente, tra le prime quattro squadre del mondo. Il portiere cecoslovacco si rende protagonista di numerosi interventi decisivi, mentre Illgner viene minacciato solo da un calcio di punizione dalla distanza di Bílek.

L'1-0 è fin troppo striminzito, e non rende l'idea di un dominio tedesco pressoché totale.

Sembra davvero difficile impensierire questa Germania dell'Ovest, granitica nel suo reparto arretrato ma anche capace di proporre un calcio offensivo piacevole e veloce, che vive sulle accelerazioni di Klinsmann e sulla verve di Matthäus, Völler e Littbarski.

A proposito di verve, un capitolo a parte merita il Camerun. Nella partita con l'Inghilterra i Leoni Indomabili vanno a un passo dal compiere il miracolo di portare l'Africa alle semifinali di un Mondiale, ma alla fine pagano la loro inesperienza e... la superficialità dell'arbitro Codesal Méndez.

Dopo il vantaggio iniziale di David Platt, il Camerun ribalta la partita come un calzino. Guarda caso la svolta africana coincide con l'ingresso in campo del totem Roger Milla, che nella ripresa prima si guadagna il rigore dell'1-1 – realizzato da Kundé – e poi manda in gol con un assist al bacio Ekéké. Il sorpasso sembra aver tramortito i sudditi di Sua Maestà, che si risvegliano dal torpore a dieci minuti dalla fine solo grazie a un'ingenuità clamorosa di Massing, nerboruto difensore dalle maniere spicce che alza platealmente la gamba in area in un contrasto con Lineker. Va detto che il fuoriclasse inglese non fa nulla per rimanere in piedi, ma per il direttore di gara è rigore: realizza lo stesso Lineker siglando il 2-2.

Dopo altre occasioni per i Leoni africani, con Shilton sugli scudi, la gara va ai supplementari. E qui arriva il secondo rigore per gli inglesi: il fallo è del portiere N'Kono in uscita, sempre su Lineker. Anche in questo caso la propensione del buon Gary al triplo salto mortale carpiato, che amplifica un contatto solo apparentemente netto, è fatale ai rossoverdi d'Africa. Ancora il numero 10 dagli undici metri spezza la favola di tutto un continente, consegnando al Delle Alpi di Torino l'affascinante semifinale Inghilterra-Germania dell'Ovest.

Ma Milla e compagni sono stati l'anima e la gioia di Italia '90, regalando sorrisi e allegria alle tifoserie di tutto il mondo. La spontaneità e la simpatia dei camerunensi resteranno non solo nella storia di questo Mondiale, ma nella memoria di tutti gli appassionati di calcio. E rilanceranno un movimento, quello africano, che in futuro avrebbe visto tra le principali protagoniste altre nazionali spettacolo, tra tecnica purissima e irresistibile folklore: dalla Nigeria degli anni Novanta al Senegal del 2002, fino al Ghana del 2010.

GARA N.6

ITALIA-ARGENTINA, SEMIFINALE

STADIO SAN PAOLO DI NAPOLI

È giunto il momento della verità. Questa è l'ora in cui i campioni devono trasformarsi in eroi, lontano dal fortino romano, e guadagnarsi la finalissima dell'8 luglio all'Olimpico.

Questa è l'ora in cui non c'è tempo per tremare o esitare. Il destino ha giocato uno scherzo beffardo agli Azzurri: la gara che porta in dote la finale di Italia '90 contro la vincitrice di Inghilterra-Germania dell'Ovest si disputerà in un teatro che, dicono i giornali, sarà metà terra amica e metà fronte ostile. In uno stadio che, traboccante di passione popolare, potrebbe trasformarsi in una bomba a orologeria, pronto a immolare la gloria della nazionale sugli altari dei propri feticci, che hanno i colori azzurri sì, ma della squadra partenopea, e soprattutto un nome e un cognome: Diego Armando Maradona.

Italia-Argentina al San Paolo di Napoli sarà una delle partite più lunghe, combattute e drammatiche di tutta la storia della nostra nazionale.

Sono le 20 in punto di un ribollente 3 luglio quando le due squadre – Italia in maglia azzurra, Argentina nella classica divisa a strisce verticali biancocelesti – fanno il loro ingresso in campo in un impianto nel quale non c'è posto neanche per uno spillo.

Il cammino delle due contendenti nella rassegna iridata è stato fin qui completamente diverso. Sempre vincenti gli Azzurri, convincendo di più in certe occasioni e meno in altre ma dando in ogni partita la sensazione di avere costantemente la situazione sotto controllo. Mai la selezione di Vicini ha realmente rischiato l'eliminazione.

L'Argentina, invece, per essere arrivata fino alla semifinale dovrebbe accendere un cero al suo santo patrono nazionale, san Francesco Solano.

Ma, date le congiunture astrali, gli argentini adesso sono decisi a giocarsela fino in fondo. Per l'appuntamento di gala con i superfavoriti padroni di casa Maradona, consapevole di poter sfruttare l'imprevedibilità del fattore San Paolo, carica la vigilia con proclami e scientifiche provocazioni. In particolare, invita i napoletani a ricordarsi del fatto che il resto d'Italia corteggia ed esalta la città partenopea soprattutto per fini utilitaristici – in questo caso calcistici – dimenticandosene però quando Napoli non serve più.

Nonostante tutto, i sudamericani sono tecnicamente inferiori agli Azzurri: così il ct Bilardo si presenta alla sfida erigendo un blocco di ferro davanti a Sergio Goycochea. Saracinesche abbassate con la fisicità e la ruvidezza di Ruggeri, Simón e Serrizuela. Centrocampo di incontristi con Olarticoechea e il veterano Giusti dietro a Burruchaga e Basualdo. Tandem monstre Maradona-Caniggia confermato con il supporto di Calderón, a fare da spauracchio per la difesa italiana soprattutto su quei rapidi capovolgimenti di fronte che, come contro il Brasile, potrebbero rivelarsi decisivi.

L'Italia, la cui formazione è praticamente fatta, si porta appresso un dubbio: schierare o no Roberto Baggio dal primo minuto. Il neojuventino, da quando è stato impiegato stabilmente da Vicini, ha sempre fatto la differenza. Ma dietro di lui c'è un pimpante e motivatissimo Gianluca Vialli che scalpita ai box, e alla fine il ct decide di puntare sul sampdoriano, ripromettendosi di sfruttare il genio del fuoriclasse di Caldogno come valore aggiunto nella ripresa.

La muraglia difensiva è la solita, con l'inserimento dell'ormai insostituibile pendolino De Agostini a centrocampo assieme a Giannini, Donadoni e De Napoli. In avanti a dar manforte a Vialli, neanche a dirlo, c'è il *golden boy* Schillaci.

A dirigere il match è il francese Michel Vautrot: un arbitro che dovrebbe essere una garanzia.

Dopo un'iniziale fase interlocutoria è l'Argentina a portare la prima minaccia. Corre l'8′ quando Burruchaga, in seguito a un'azione insistita dei sudamericani, viene servito da Basualdo al limite dell'area e batte a rete da posizione leggermente decentrata sulla sinistra. Il suo tiro, teso e insidioso, viene deviato in angolo da un reattivo Zenga con un tuffo a mani aperte.

L'Italia sembra non pervenuta: la sua manovra viene imbrigliata dal folto centrocampo argentino. «Incontrammo difficoltà a entrare in partita e non fu un caso» fa notare capitan Bergomi, secondo il quale «storicamente l'Argentina è una formazione complicata da affrontare – e da approcciare – per l'Italia. La loro organizzazione tattica dà molto fastidio al nostro calcio e non ci permette di esprimerci al meglio. Ti stanno sempre addosso, ti tirano la maglia, ricorrono sistematicamente al fallo tattico, ti provocano…»

Ma la batteria offensiva degli Azzurri è di quelle da far paura, e può accendersi in qualsiasi momento. Il guizzo giunge, come un fulmine a ciel sereno, al 17′. De Agostini lancia sulla sinistra per Schillaci, che con un po' di fortuna riesce a sgusciar via a due avversari e tocca al centro per De Napoli, il quale di prima prolunga in direzione di Giannini. Il Principe manca la palla di tacco, ma scatta in avanti e trova l'assist a seguire di Vialli a servirlo: Giannini, giunto ai diciotto metri, salta elegantemente Juan Simón con un pallonetto, poi appoggia di testa per l'accorrente Vialli che scarica un gran destro al volo da centro area. Goycochea ha i riflessi pronti e respinge la conclusione ravvicinata, ma a cinque metri dalla porta, rapace come un falco, è in agguato l'immancabile Schillaci, che colpisce rocambolescamente con la tibia e riesce a ribadire in rete.

Totò condisce il racconto del gol dell'1-0 con un simpatico aneddoto:

> Ricordo che Giannini, inseguendomi mentre correvo verso la bandierina a esultare subito dopo la rete segnata all'Argentina, mi sussurrò all'orecchio: «Che culo, che culo che hai!». Si riferiva al fatto che, in quel Mondiale, ogni palla che toccavo si trasformava in un gol.

È la marcatura numero cinque del palermitano. Per la verità, al momento del tiro al volo di Vialli la posizione di Schillaci appare piuttosto dubbia: potrebbe trovarsi leggermente oltre l'ultimo difensore albiceleste. Ma poco importa: non c'è fuorigioco o inconveniente che possa spezzare, in queste notti folli e irripetibili, l'incantesimo di Totò.

La reazione dell'Argentina è semplicemente inconsistente. Chiamati ad assumere l'iniziativa del gioco, gli ospiti balbettano un calcio stentato non riuscendo mai a presentarsi con pericolosità dalle parti di Zenga, mentre devono guardarsi dagli improvvisi ribaltamenti di fronte degli italiani. Al 25′ gli Azzurri si distendono in alleggerimento con De Napoli che offre centralmente a Giannini, il quale si incunea in un corridoio libero e poi apre sulla sinistra per Donadoni; l'ala dribblomane del Milan finta il cross e serve a rimorchio per l'accorrente De Agostini, il quale sopraggiunge al limite dell'area e si ritrova, ahilui, la palla sul piede sbagliato – il destro – ragion per cui il suo tiro da ottima posizione termina lontanissimo dalla porta di Goycochea.

La gara scorre via su ritmi lenti: l'Argentina non riesce a sfondare, l'Italia non forza i tempi e si accontenta di amministrare il vantaggio, agendo di rimessa per cercare di prendere in contropiede il munito centrocampo sudamericano. Ancora una bella azione degli Azzurri al 36′, con De Napoli che sfodera un esterno destro di prima intenzione a imbeccare centralmente Vialli, spalle alla porta, il quale scarica su Giannini che a sua volta lascia al solito De Agostini; altra botta dalla distanza, questa volta con il piede giusto, ma risultato simile al tentativo precedente: palla altissima.

E Maradona? Da spettatore non pagante ad aspirante protagonista al 39′, quando Caniggia lo innesca con un suggerimento centrale. Il prestigiatore del Napoli finalmente accende la lampadina, riceve palla all'altezza del limite dell'area smarcandosi da Ferri, si alza la sfera con il sinistro, ancora con il sinistro compie un secondo palleggio e poi, effettuando una rotazione di centottanta gradi, si gira su se stesso calciando sempre con il mancino verso la porta di Zenga. Il tiro è centrale e facilmente ammortizzato dal portiere, ma la giocata è a effetto e gli argentini prendono coraggio: il loro condottiero, in condizioni fisiche non perfette, ha confezionato la prima magia della sua serata.

Tuttavia, prima della fine della frazione, l'unica altra minaccia portata all'estremo difensore italiano è un destro telefonatissimo dai venticinque metri di Claudio Caniggia, che Zenga blocca sbadigliando.

È stato un primo tempo tattico, bloccato, tutt'altro che spettacolare. Tuttavia, non appena l'Italia ha accelerato, la forza d'urto del suo attacco ha messo in ginocchio i ruvidi difensori argentini. E l'impressione che si ricava dai primi quarantacinque minuti è che siano gli Azzurri a decidere i ritmi e i tempi del match, a stabilire quando spingere e quando rifiatare, agendo soprattutto in contropiede.

Si rientra in campo con una novità: tra le fila argentine il centrocampista numero 21 Pedro Troglio, che da noi è di casa dato che milita nella Lazio, ha rilevato l'impalpabile Calderón.

Come in avvio di partita, la prima timida iniziativa è della Selección: al 3′ Simón lascia partire un lungo cross dalla trequarti e Caniggia sale in cielo all'interno dell'area per colpire di testa anticipando Baresi, ma la parabola è centrale e non può impensierire Zenga.

All'8′ grande brivido per gli uomini di Bilardo, ma non a causa di un'offensiva italiana. Ricardo Giusti, maglia numero 14, compie un'ingenuità colossale: su una palla interlocutoria a centrocampo, intercetta volontariamente di mano per interrompere una trama degli Azzurri. L'arbitro Vautrot d'istinto, come da regolamento, estrae dal taschino il cartellino giallo: peccato che Giusti fosse stato già ammonito per un fallo duro nel primo tempo, e una seconda sanzione significherebbe espulsione e Argentina in dieci uomini per tutta la ripresa.

Vautrot così, colto da un moto di magnanimità, ci ripensa e si limita a rimbrottare verbalmente Giusti, assicurandogli che alla prossima non la passerà liscia.

Passata la paura, al 10′ gli argentini fanno sul serio e il campanello d'allarme nella difesa italiana risuona forte e squillante. Bella l'azione in linea dei ragazzi in albiceleste: da Burruchaga a Giusti, che tocca corto per Troglio. Il numero 21 scarica il pallone su José Basualdo, il quale lo deposita in cassaforte lasciandolo ai venti metri a Maradona; il Pibe de Oro allarga sulla sinistra in area per Burruchaga, che ha seguito l'azione ma non riesce a controllare come vorrebbe e allora lascia sfilare per Julio Olarticoechea. Quest'ultimo intravede un pertugio per la conclusione e prova il destro sul primo palo, trovando Zenga pronto alla respinta.

La manovra avvolgente degli ospiti ha fatto tremare la nostra retroguardia. Adesso gli Azzurri paiono aver arretrato troppo il baricentro, non riuscendo più a proporsi con efficacia in avanti.

E allora nei minuti successivi i nostri palleggiatori riprendono possesso del centrocampo, dettando i tempi e giostrando un numero decisamente maggiore di palloni. L'Argentina fa fatica a recuperare la sfera, e di conseguenza gli attaccanti di Bilardo trovano più difficoltà a ritagliarsi spazi negli ultimi venti metri.

L'Italia però commette un errore fondamentale: bada soprattutto a gestire, senza pressare alto e senza tenere sulle spine i difensori argentini, che così hanno notevole libertà di manovra. E allora il pericolo è sempre in agguato. Anche su una pallaccia scagliata in avanti dalle retrovie, come accade al 17′. Serrizuela rinvia senza guardare, la sfera finisce a Claudio Caniggia che stoppa affannosamente; sopraggiunge a rimorchio Giusti, che con un'apertura illuminante imbecca centralmente Burruchaga, il quale con un tocco di testa appoggia all'accorrente Caniggia, solissimo a centro area: dribbling a rientrare sul recupero di Baresi e sinistro a botta sicura a pochi metri da Zenga, contrastato miracolosamente in corner dall'intervento simultaneo dello stesso Baresi e dello stoico Nando De Napoli.

Ma è la seconda palla gol costruita dall'Argentina nel giro di pochi minuti.

Dai e dai, alla fine la frittata arriva al 22′. Ed è proprio un pastrocchio quello che consente ai sudamericani di rimettersi in carreggiata. Un pasticcio il cui principale responsabile, ironia della sorte, è proprio colui che più di ogni altro, fino a quel momento, nel corso del Mondiale era stato inappuntabile: Walter Zenga.

Maradona riceve da Basualdo a ridosso della trequarti e allarga sulla sinistra per il mobile Olarticoechea (in sospetta posizione di fuorigioco); sul morbido traversone del centrocampista il portiere dell'Inter sbaglia completamente il tempo dell'uscita, abbandonando i pali con troppa leggerezza e facendosi uccellare dal colpo di nuca di Caniggia, il quale sfiora il pallone accarezzandolo quel tanto che basta per farlo rotolare in rete nell'angolino opposto.

È un gol beffardo, raggelante, che sciocca i sessantamila del San Paolo. Tuttavia, per quanto si è visto in campo e soprattutto dopo il più che positivo avvio di ripresa degli ospiti, si tratta di un pareggio meritato.

Riccardo Ferri, che nell'azione fatale si trovava tra Claudio Caniggia e Zenga in uscita, su quel gol – a distanza di ventotto anni – ha ancora tanto da dire. E da recriminare. «Tanto per cominciare abbiamo sbagliato a non dare abbastanza pressione a Olarticoechea, che ha avuto tutto il tempo per pensare e mettere in mezzo un cross calibrato» sottolinea l'ex colonna difensiva dell'Inter. «Io poi mi sono trovato stretto tra l'uscita di Zenga e Caniggia, e non potevo andare a prendere la palla tesa di testa anticipando l'argentino perché il mio intervento avrebbe potuto causare un calcio di rigore, per cui mi sono astenuto dal saltare. Zenga, da par suo, sicuramente è uscito pensando di prendere la palla, ma a mio avviso avrebbe fatto meglio a restare in porta.»

Tuttavia Ferri riconosce anche delle attenuanti a se stesso e ai suoi compagni, perché

> la lettura di quella maledetta azione, fatta adesso a distanza di tanti anni, sembra estremamente semplice. Allora, con addosso il peso della pressione di dover vincere un Mondiale a tutti i costi e con un quarto di secondo a disposizione per prendere una decisione che poteva essere determinante nel bene o nel male, fare la scelta giusta – anche per Walter – era tutt'altro che banale.

Tra l'altro, la rete dell'1-1 segna un momento storico: il record di imbattibilità assoluta in un Mondiale, appena stabilito da Zenga, si ferma a 517 minuti consecutivi. Nessun portiere, nella storia della massima rassegna calcistica, ha mai fatto meglio. Il record risulta tuttora inviolato.

Mancano poco più di venti minuti alla fine, e adesso l'Italia deve ritrovare la giusta rotta. Vicini, al 25′, decide di ricorrere alla fisicità di Serena e rinuncia al dinamismo di Vialli.

Ma i nostri sembrano avere poche idee. La manovra è frammentaria e compassata, e a centrocampo gli argentini ci fanno ballare il tango: si gioca ai loro ritmi, ora i tempi li dettano Giusti, Maradona e soprattutto Basualdo.

Non riusciamo a trovare le distanze tra i reparti: la squadra appare lunga, sfilacciata e incapace di imbastire trame corali. A regnare, nella costruzione del gioco, è l'improvvisazione.

Per questo il ct azzarda una seconda mossa. C'è bisogno di qualità e di fantasia: per il jolly rimasto in panchina è l'ora di lucidarsi le scarpette. Roberto Baggio subentra al 29′ a un Giannini insolitamente spaesato, e dovrà essere la variabile impazzita in grado di far saltare il banco.

Con il nuovo trequartista della Juventus gli Azzurri guadagnano metri, si insediano stabilmente nella metà campo argentina ma stentano a trovare il grimaldello per scardinare la retroguardia sudamericana.

Al 33′ Donadoni tenta lo strappo effettuando un break sulla destra, salta secco Basualdo e calibra una palombella arretrata a servire centralmente lo stesso Baggio, che si è smarcato al limite dell'area. Il sinistro al volo d'esterno del numero 15, per quanto stilisticamente pregevole, finisce lontano dalla porta di Goycochea.

Ma gli italiani hanno ripreso tono e, soprattutto, morale. A confermarlo è un contropiede orchestrato al 36′ dall'indemoniato Baggio, il quale tocca profondo per Donadoni; l'ala milanista aspetta la sovrapposizione sulla sinistra di De Agostini, converge al centro attirando su di sé due avversari e poi allarga per il numero 4, terzino della Juventus, liberissimo di calciare in porta nel cuore dell'area. Peccato che il diagonale di De Agostini, perentorio e potente, sia troppo centrale, consentendo a Goycochea di respingere a mani aperte.

Nei minuti successivi l'Argentina oppone all'incalzante pressing azzurro un palleggio cadenzato e ipnotico. L'intento è quello di spegnere le folate italiane addormentando il gioco e congelando il pallone fino all'approdo ai supplementari.

L'Italia non riesce più a rendersi pericolosa, anzi, l'unico piccolo brivido è una zuccata di Burruchaga su pennellata di Basualdo che termina lontanissima dalla porta di Zenga.

Al minuto 47 e 20 secondi Vautrot fischia tre volte: due tempi non sono bastati per decretare la prima finalista.

Ora i muscoli si irrigidiscono, le differenze tecniche si azzerano.

Restano solo il coraggio, la forza dei nervi e l'adrenalina.

Un'altra mezz'ora, lunga e inesorabile, divide le due contendenti dall'eldorado dell'Olimpico.

Neanche il tempo per i calciatori di dissetarsi a bordo campo e di ricevere le concitate indicazioni dei loro ct che la battaglia riprende. E i tempi supplementari ricominciano esattamente da dove si erano interrotti i regolamentari: l'Italia spinge sull'acceleratore, cinge d'assedio gli avversari e incontra la resistenza di un'Argentina che mira a narcotizzare il gioco.

Gli Azzurri conquistano la trequarti albiceleste, ma fino al 9′ producono soltanto un calcio piazzato di Ferri deviato dalla barriera, arginato senza fatica da Goycochea, e un fendente dalla lunga distanza – del tutto sbilenco – di Roberto Baggio.

Al 10′ Sergio Batista, centrocampista del River Plate, prende il posto dell'esausto metronomo Basualdo. Pochi istanti dopo slalom in bello stile dell'inarrestabile Donadoni, che scherza due uomini e poi viene affrontato fallosamente da Pedro Troglio; la spallata del centrocampista della Lazio costa alla sua squadra un pericolosissimo calcio di punizione dai venti metri, in posizione centrale.

Roberto Baggio accomoda la sfera sul punto di battuta come un artista che si accinge a tracciare la sua pennellata. Nel silenzio sospeso del San Paolo il Caravaggio di Caldogno osserva il piazzamento di Goycochea, conta i passi della rincorsa e confeziona un cioccolatino diretto a pochi centimetri dall'incrocio dei pali. Il numero 12 sudamericano guizza come un gatto sotto il sette e va a ricacciare letteralmente il pallone fuori dalla porta, strozzando l'urlo in gola a un'intera nazione che frigge sulla graticola.

Ma gli Azzurri stanno caricando a testa bassa, spendendo fino all'ultima stilla di sudore. Spingi e spingi gli argentini barcollano, sembrano alle corde.

Di sicuro a sfiancare ulteriormente Maradona e compagni ci pensa l'incredibile Vautrot, il quale pare ignorare il fatto che i tempi supplementari durino un quarto d'ora ciascuno e prolunga la prima frazione addirittura fino al minuto 23. In seguito l'arbitro, interrogato a proposito del suo recupero bulimico, ammetterà candidamente di essersi dimenticato di guardare il cronometro e di aver così smarrito la percezione del tempo.

Un errore macroscopico. Pari a quello che commette, al 20′ di questa infinita prima frazione, proprio il più esperto degli argentini: il trentatreenne Ricardo Giusti, peraltro già ammonito (e poi graziato) in precedenza, pensa bene di colpire a palla lontana Roberto Baggio, convinto di non essere visto dall'arbitro. Peccato che gli occhi del guardalinee di destra, Mikkelsen, siano ben vigili, e dopo la segnalazione del collaboratore Vautrot tira fuori il rosso spedendo Giusti negli spogliatoi.

Alla fine del primo supplementare, dunque, l'Argentina si ritrova a pezzi: sulle gambe, provata nei muscoli e nel morale, con un uomo in meno e con Goycochea che ha dovuto improvvisarsi uomo della provvidenza per evitare il tracollo.

Come non approfittarne? Alla ripresa del gioco l'Italia si presenta ancora più agguerrita, e si riversa in massa nella metà campo sudamericana. I nostri avversari fanno quello che possono: si chiudono in difesa e – espediente tatticamente pregevole – continuano a ricorrere al fuorigioco sistematico, salendo al momento giusto con i tre difensori e facendo finire in posizione irregolare Serena e soprattutto Schillaci.

Al 3′ del secondo supplementare siamo caduti in offside ben quindici volte (contro le sole sei degli argentini).

La nostra nazionale dà fondo a tutte le sue energie, ma servirebbe la follia estemporanea di un colpo di genio, o qualche soluzione da fuori area.

Il lampo di classe, però, ce l'ha l'unico vero deus ex machina presente in campo. L'extraterrestre: quel Diego Armando Maradona tanto atteso alla vigilia e finora rimasto tutto sommato ai margini della sfida.

La giocata è di quelle da urlo. Al 4′ Maradona riceve palla su rimessa laterale di Troglio, e sprigiona tutta la sua magia destreggiandosi in una serie di ubriacanti serpentine tra gli attoniti giocatori italiani. L'illusionista di Lanús fa letteralmente sparire il pallone dai piedi degli Azzurri, concludendo la sua danza all'interno dell'area con un suggerimento che è un invito a nozze per Olarticoechea. Fortuna per l'Italia che il numero 16 dell'Argentina non abbia il piedino vellutato del Maestro, e scialacqui sparando a lato alla sinistra di Zenga dai diciotto metri.

Il San Paolo riprende fiato. Ma i nostri avversari, con mestiere, continuano a perdere tempo e a tergiversare, nella spasmodica attesa dei rigori. Il bunker albiceleste viene scosso al 7′ da una bella triangolazione tra Baggio e Schillaci, che porta il fantasista a imbeccare con un assist rasoterra Aldo Serena, appostato a centro area a pochi metri da Goycochea: puntuale il salvataggio in scivolata di Serrizuela.

Ma rimane un bagliore isolato. Il grande merito degli uomini di Bilardo è quello di reggere bene l'urto anche in dieci contro undici.

Ci trasciniamo così fino al 15′. Vautrot questa volta è di una puntualità svizzera, e pone fine alla contesa senza concedere recupero.

Non restano che i calci di rigore: un terno al lotto, un film impazzito e schizofrenico senza sceneggiatura.

Vincerà chi avrà più sangue freddo? O semplicemente chi avrà più fortuna? Quel che è certo, secondo Luigi De Agostini, è che

> trascinarci fino ai rigori per i sudamericani poteva già considerarsi una vittoria: quello era forse l'unico modo che avevano per poter pensare di eliminarci. È stato un peccato non essere riusciti a vincere nei 90 o nei 120 minuti: si è trattato per noi della classica partita stregata. Abbiamo fatto solo un gol, pur avendo avuto diverse altre occasioni. Poi in una competizione come il Mondiale si gioca ogni tre-quattro giorni, quindi non si può essere sempre al top e dominare tutte le gare. Ma noi a Napoli avevamo meritato di vincere, e invece la difesa a oltranza e il contropiede degli argentini avevano avuto la meglio.

Dopo il tiratissimo pareggio, i pensieri dei ventidue giocatori in campo si accavallano in istantanee ed emozioni contrastanti. C'è sicuramente chi, come per esempio Roberto Baggio, rimuginerà su quella punizione che, se fosse stata un po' più potente o un po' più angolata, lo avrebbe proiettato sulle prime pagine di tutti i quotidiani del giorno dopo. E chi, come Walter Zenga, ripenserà a quell'uscita kamikaze che ha spalancato le porte alla rimonta degli avversari. Dopo 517 minuti di imbattibilità.

La gloria dista appena undici metri, ma c'è posto solo per un eroe.

La tensione cresce mentre i massaggiatori riscaldano i muscoli e gli allenatori decidono gli elenchi dei rigoristi. L'Argentina potrebbe avere un piccolo vantaggio psicologico: Maradona e compagni si sono già imposti ai calci di rigore nel corso di Italia '90, superando la Jugoslavia ai quarti.

Il sorteggio stabilisce che saranno gli italiani a battere il primo rigore, sotto la curva Nord. Lentamente si incammina verso il dischetto il grande Franco Baresi, protagonista di un Mondiale sontuoso. Contro di lui Sergio Goycochea.

Baresi va con il destro, e il suo tiro secco spiazza il sudamericano. L'Italia inizia con il piede giusto, scacciando i fantasmi del rigore d'apertura. Ora la pressione è tutta su José Serrizuela, difensore dal destro alla dinamite che deve pareggiare i conti.

Walter Zenga prende possesso della porta consapevole che, dopo la disdetta, ora il destino gli offre l'opportunità di un meraviglioso riscatto. Deve cancellare quella mezza papera che ha consentito a Caniggia di rovinare la festa agli Azzurri. E davanti a sé, per farlo, ha cinque rigori.

Quello di Serrizuela è potente ma centrale, e buca il numero 1 dell'Inter con una certa fortuna: la palla viene infatti sfiorata da Zenga proteso in tuffo, ma schizza ugualmente in rete. Il punteggio è sull'1-1.

Tocca ora a Roberto Baggio. Dal dischetto il fantasista di Caldogno è un cecchino infallibile. In questo caso, però, un lungo brivido percorre il San Paolo: il destro di Baggio viene intuito da Goycochea, che si distende sulla sua destra e tocca, non riuscendo tuttavia a impedire al pallone di insaccarsi sotto il sette. Torniamo a condurre 2-1.

È il turno di Jorge Burruchaga, un giocatore già entrato nella storia del calcio argentino: è stato infatti il risolutore della precedente finale mondiale, vinta per 3-2 sulla Germania dell'Ovest a Città del Messico nel 1986. E il numero 7 di Bilardo non tradisce: calma olimpica, palla da una parte e Zenga dall'altra. La parità permane.

Per l'Italia va sul dischetto il terzino jolly di centrocampo Luigi De Agostini, uno dei più attivi e pericolosi nel corso della partita. Il mancino dell'azzurro è imparabile e si infila nell'angolino alla destra di Goycochea, il quale tuttavia ancora una volta intuisce. È un secondo segnale…

Il nuovo pareggio per l'Argentina è siglato da Olarticoechea, che aveva gettato al vento la chance della vita nel secondo tempo supplementare dopo un assolo travolgente di Maradona ma adesso non trema davanti a Zenga, spiazzandolo nuovamente: sfera a sinistra, portiere a destra.

Tiratori finora ineccepibili. Ma il gioco inizia a farsi duro. Ogni errore, a questo punto, può pesare come un macigno.

Il quarto rigore dei nostri è affidato al giocatore che forse ha brillato di più durante questo Mondiale, con i suoi cambi di passo e la sua vivacità sulla trequarti: Roberto Donadoni.

La rincorsa del milanista è corta, l'impressione è che il numero 17 la voglia piazzare. E così fa Donadoni, indirizzando il tiro nell'angolo a mezz'altezza alla sinistra di Goycochea. Ma a forza di intuire, questa volta «l'incantatore di rigoristi» para: stacca con tempismo perfetto e decolla per deviare la conclusione, anche piuttosto precisa, del povero Roberto, il quale rovina a terra come se fosse appena stato colpito da un fulmine.

Il destino è crudele in questo gioco maledetto: proprio a lui, all'ultimo dei nostri al quale sarebbe dovuto capitare, è toccato assumere i panni del colpevole. Ed è lo stesso destino a mettere sui piedi di Diego Armando Maradona, pochi secondi dopo, la palla del quasi successo argentino.

Nella sua Napoli, tra i fischi dei suoi stessi innamorati, il mago di Lanús può trascinare l'Italia sull'orlo del baratro.

Walter Zenga si incammina lentamente verso i pali e cerca di concentrarsi, ma per lui non è proprio serata. Dopo la caduta, la favola non si compie e il riscatto non c'è: il tiro del Pibe de Oro, vellutato e beffardo, si insacca pigramente alla destra del portiere, ancora una volta inesorabilmente spiazzato.

Il libro di questa semifinale sembra ormai scritto. Aldo Serena, con il quinto rigore, ha la possibilità di mantenere agonizzante ma viva la nostra nazionale, affidando alle mani di Zenga le residue, tenui speranze sull'ultimo penalty argentino.

Serena, per scacciare la paura, sceglie la soluzione di forza, battendo dritto per dritto con il sinistro e indirizzando leggermente alla sinistra di Goycochea. Il portiere questa volta, scattando come una molla, riesce addirittura nell'impresa di bloccare la bordata del numero 20, facendo definitivamente calare il sipario sui sogni iridati degli Azzurri.

La sua corsa verso i compagni è trionfante e sfrenata: gli argentini sembrano non crederci, si baciano e si abbracciano ebbri di gioia.

Il mattatore del San Paolo non è né il numero 10 con il cuore partenopeo e l'anima sudamericana, né l'istrionico Baggio – acclamato fenomeno emergente del calcio italiano – né tantomeno, udite udite, il nuovo santo patrono d'Italia Totò Schillaci.

No, il vero eroe della semifinale è un argentino nato nel 1963, proveniente dal club colombiano del Millonarios e fino a Italia '90 completamente sconosciuto ai grandi palcoscenici internazionali.

Si chiama Sergio Goycochea, e milioni di italiani faranno una gran fatica a togliersi questo nome dalla testa.

Gli Azzurri assistono ai festeggiamenti avversari senza neanche la forza di rialzarsi dal prato verde. A colpire è soprattutto l'immagine di Totò Schillaci: lui, il re designato ritrovatosi improvvisamente senza corona, incapace di perdere e di cadere. Giace lì, schiantato a terra, con gli occhi perduti a inseguire le glorie appena sfumate.

Il pubblico del San Paolo sfolla silenziosamente. Tutta l'Italia ammaina le sue bandiere.

La semifinale con la Selección rimarrà per sempre uno dei più epici drammi della nostra storia calcistica. Anche perché, dopo quasi trent'anni, molti dei protagonisti esprimono ancora enormi rimpianti. Di carattere ambientale, certo, ma anche di natura prettamente tattica. Quanto all'atmosfera che avvolgeva il San Paolo quella notte, capitan Beppe Bergomi ci tiene a mettere bene in chiaro una cosa:

> Eravamo abituati alla passione pura e popolare di Roma, un oceano di affetto che ci travolgeva ancora prima che scendessimo in campo. Era come vivere dentro un sogno, trascinati dai nostri tifosi. Poi ci siamo trasferiti a Napoli per la semifinale e la situazione era improvvisamente cambiata. Lo toccavi proprio con mano, lo avvertivi chiaramente che l'aria non era più la stessa. C'era distanza tra il pubblico e la squadra. Più timidezza nel tifo. Il che, secondo me, si spiega certamente con le provocazioni costruite ad arte da Maradona per la gente napoletana, ma non solo. Va anche ricordato infatti che sei o sette elementi della nazionale provenivano dall'Inter e dal Milan, ossia dalle formazioni che in quegli anni contendevano lo scudetto al Napoli. Per cui si era creato un clima non dico ostile, ma certo non ideale.

Se lo stadio napoletano non diede la giusta spinta agli Azzurri, secondo qualcuno anche le scelte del ct Vicini contribuirono a favorire gli argentini e non permisero all'Italia di sfruttare appieno il suo potenziale. Tra i critici più severi del tecnico di Cesena c'è Nicola Berti, secondo il quale

> la squadra pagò un atteggiamento palesemente troppo prudente. Sarò più preciso: io avevo saltato il quarto di finale contro l'Irlanda perché avevo preso due ammonizioni, per cui pensavo di poter tornare in campo bello fresco contro i sudamericani. E invece Vicini non mi fece giocare, mi escluse dal centrocampo e decise di schierare contemporaneamente due terzini sinistri: Paolo Maldini e Gigi De Agostini. Quello fu l'errore: approcciare la partita in modo tatticamente rinunciatario. La mentalità prudente, per non dire difensivista, ci punì: dimostrammo di avere paura e, alla fine, perdemmo.

Quali, secondo Berti, le ragioni di questa scelta di Vicini? «Forse il mister voleva limitare Maradona, disegnando un centrocampo più conservativo. Ma la verità è che quell'Italia non doveva avere timore di nessuno, doveva pensare solo a vincere e a fare gol.»

Ci va giù ancora più duro Pietro Vierchowod, rimasto in panchina durante la semifinale.

> Abbiamo perso con gli argentini perché Vicini non ha fatto la scelta che sarebbe stata più logica: inserire me a mezz'ora dalla fine per marcare a uomo Maradona. Io, d'altra parte, ero stato convocato proprio per marcare i giocatori importanti, grazie alla mia esperienza e alla mia malizia. Quello era il momento di farmi entrare. Non ho mai preteso di giocare tutta la partita, per carità, ma il mio contributo nella seconda parte del secondo tempo sarebbe stato determinante.

La chiusura dello Zar è impietosa: «Per assecondare la sua mentalità offensiva e non snaturare la squadra il mister scelse di rimanere con l'assetto iniziale, e incassammo il gol del pareggio. Vicini ha buttato via un Mondiale per tenere fede alla sua filosofia».

Non tutti però condividono l'attacco alla gestione tecnica del ct. Per Roberto Donadoni, per esempio, a determinare la mancata qualificazione alla finale sono stati solo

> alcuni piccolissimi dettagli che non hanno girato per il verso giusto. D'altra parte, se c'era una squadra che avrebbe meritato qualcosa in più in quella partita era sicuramente la nostra. Abbiamo subito un gol sciocco ed evitabilissimo, che poi ci ha condotti ai calci di rigore. A mio parere l'Italia era nel complesso più forte dell'Argentina. E nella semifinale avevamo dimostrato la nostra superiorità sul campo.

Ma un'aura di invulnerabilità ha accompagnato gli argentini durante tutto il torneo, spezzandosi solo in finale. Quanto a noi, resta comunque il ricordo di un'Italia spumeggiante e offensiva, in controtendenza rispetto ai cliché del calcio italiano.

Una squadra bella e maledetta che il suo Mondiale, per tanti versi, l'ha comunque vinto.

L'ALTRA SEMIFINALE

Il giorno dopo il grande shock azzurro si disputa la seconda semifinale, al Delle Alpi di Torino, tra Germania dell'Ovest e Inghilterra.

La sfida, classicissima del calcio mondiale, riserva numerose emozioni, e alla fine le due squadre si equivalgono. Sia inglesi che tedeschi costruiscono numerose palle gol nei novanta minuti regolamentari: da segnalare in particolare un Paul Gascoigne in formato deluxe, che inventa e conclude più volte in porta.

Dopo un avvio più convincente da parte dell'Inghilterra il pallino del gioco viene preso in mano dai teutonici, in casacca verde e pantaloncini bianchi, che piano piano cominciano a insidiare il portiere Shilton. Il gol del vantaggio arriva al quarto d'ora della ripresa, al culmine di un momento di pressione tedesca, ma è assai fortunoso: Brehme batte un calcio di punizione dai venticinque metri, la palla viene deviata da Parker che era uscito precipitosamente dalla barriera e, impennandosi, beffa l'estremo difensore inglese.

A questo punto però la Germania dell'Ovest commette l'errore di provare ad addormentare il gioco, favorendo il ritorno degli avversari che si gettano in avanti con generosità. A dieci minuti esatti dalla fine, il solito Gary Lineker si divincola come un serpente tra le maglie della difesa tedesca su un pallone vagante in area e scarica in rete un diagonale rasoterra a incrociare sul quale Illgner non può nulla: 1-1.

Il risultato non cambierà neanche dopo i tempi supplementari, estremamente equilibrati, nonostante un palo per parte (di Waddle quello degli inglesi, di Buchwald quello dei tedeschi).

Come per Italia-Argentina, dunque, giunge l'ora dei tiri dal dischetto. E l'andamento è identico a quello della semifinale di Napoli: i primi tre rigori vengono realizzati da entrambe le squadre, poi l'incantesimo si rompe. È Stuart Pearce il primo a sbagliare, facendosi respingere la botta centrale da Illgner. Il successivo gol di Olaf Thon mette Waddle nelle condizioni di non poter fallire, ma il centrocampista spara alle stelle e all'Olimpico, assieme all'Argentina, ci va la Germania dell'Ovest.

Grande esultanza per il tecnico Franz Beckenbauer, mentre Bobby Robson mastica amaro. La sua Inghilterra, però, ha destato un'ottima impressione, e con l'accesso alle semifinali ha ottenuto il suo miglior risultato in un Mondiale dal trionfo casalingo del 1966 (ottenuto proprio a spese dei tedeschi in finale).

GARA N.7

ITALIA-INGHILTERRA, FINALE PER IL TERZO E QUARTO POSTO

STADIO SAN NICOLA DI BARI

L'Italia raccoglie le ceneri del suo sogno.

Asciugate tutte le lacrime post Argentina, si rigioca troppo presto perché la delusione possa essere stata smaltita. Perché la mente possa essere sgombra da pensieri cupi e malinconici.

Eppure l'ultimo atto del nostro Mondiale è una finalina da onorare, perché consegnerà un bronzo che rimarrà comunque negli annali e segnerà la differenza tra chi qualcosa di concreto – per quanto consolatorio – a casa lo porterà e coloro che conquisteranno solo un platonico quarto posto.

Gli occhi corrono ai rigori di Donadoni e Serena, ai miracoli di Goycochea in partita e durante i tiri dal dischetto, alla gioia proditoria di Maradona trionfatore in casa nostra che da anni è anche casa sua.

Ma oggi ci sono uno stadio e un'intera città del caloroso Sud Italia desiderosi di tributare il loro omaggio agli Azzurri, e una grande classica del calcio mondiale da disputare. La sfida con i maestri del football inglesi, nostri compagni di sventura nella lotteria dei rigori, non può mai essere sottovalutata. E allora per una notte, prima di tornare a rimuginare e a leccarci le ferite, si riaccendano i riflettori e suonino di nuovo le trombe: la magia riprende a brillare.

«Venivamo da un'eliminazione che ci aveva profondamente segnati nelle gambe e nella testa» racconta Riccardo Ferri «perché non era mai capitato che una squadra fosse uscita da un Mondiale subendo un solo gol in tutto il torneo. Questo ci pesava tantissimo. Diciamo che quella di Bari è stata una trasferta di scarico, che è servita per allentare la tensione. Sapevamo che vincere o perdere non avrebbe cambiato granché agli occhi dell'opinione pubblica. Certo, ci tenevamo a fare bene per concludere degnamente un Mondiale giocato alla grandissima. Ma ricordo la sfida del San Nicola come una passerella senza ansia e senza pressione.»

Giuseppe Giannini ricorda con un sorriso l'accoglienza riservata dalla città di Bari alla nazionale:

> Nonostante in tutti gli italiani ci fosse delusione per l'esito della semifinale, in Puglia – fin dal ritiro – trovammo un pubblico eccezionalmente affettuoso che ci regalò tantissimi attestati di stima. Da par nostro, noi volevamo fortissimamente concludere il Mondiale senza mai perdere una partita nei novanta minuti. Conoscevamo però la forza dell'Inghilterra: squadra completa, in controtendenza rispetto alla tradizione del calcio britannico perché ricca di tecnica e di qualità oltre che di fisicità, dal centrocampo molto solido. Eravamo pronti a mettere in campo le nostre armi.

Vicini, nel match che ha meno peso specifico di tutti, coglie l'occasione per concedere un po' di spazio a chi ha assistito alla scalata verso la gloria dalla panchina. La difesa è parzialmente rivista, con Vierchowod e Ciro Ferrara ad affiancare capitan Bergomi e Franco Baresi. In panchina Ferri. A questo proposito, particolare interesse suscita, ventotto anni dopo, la riflessione proprio di Pietro Vierchowod. Lo Zar sottolinea, con un certo cipiglio, che

> la decisione di Vicini di farmi giocare la finalina per il terzo e quarto posto non aveva senso. Sarei piuttosto dovuto entrare a mezz'ora dalla fine nella gara contro l'Argentina, per neutralizzare Maradona e impedire agli argentini di salire con il baricentro. E invece il ct mi ha messo in campo in una sfida che non contava nulla. Un po' contraddittorio, se si pensa che mi aveva convocato, dopo ben quattro anni di assenza dalla nazionale, per impiegarmi – magari part-time – nei momenti decisivi delle gare e contro gli avversari più forti. Schierandomi con l'Inghilterra ha voluto forse, dal suo punto di vista, risarcirmi per il fatto di non avermi fatto entrare con i sudamericani? No, non sta in piedi. La sua scelta di impiegarmi solo a Bari, ripeto, non aveva un senso logico.

Anche il centrocampo viene ridisegnato con il rientro di Carlo Ancelotti e l'esclusione di De Napoli e Donadoni: giocano Giannini e De Agostini, con Paolo Maldini che giostra in posizione leggermente più avanzata. Doverosa passerella finale per il duo Baggio-Schillaci, la coppia che ha fatto sognare milioni di italiani fino all'ultimo respiro.

I nostri avversari, storicamente indomabili, tengono alla medaglia di bronzo e si presentano in una formazione molto vicina a quella tipo, con il leggendario Peter Shilton tra i pali (classe '49, quarantuno primavere da compiere un paio di mesi dopo), Stevens, Walker, Parker e Wright in difesa, Steven, McMahon e Platt a centrocampo con l'esterno mancino Tony Dorigo e Beardsley ad accompagnare il fuoriclasse Gary Lineker in attacco. In panchina la scheggia impazzita Paul Gazza Gascoigne, altra icona di questo Mondiale.

A Bari il 7 luglio, un giorno prima della finale che incoronerà il nuovo re mondiale, arbitra il francese Quiniou, che aveva già incrociato gli Azzurri nel girone eliminatorio contro la Cecoslovacchia (e non era stata una prestazione inappuntabile).

Italia e Inghilterra giocano a briglie sciolte, senza barocchismi tattici. E le occasioni piovono a grappoli, per la gioia del pubblico del San Nicola. Nei minuti iniziali sono gli inglesi ad apparire più pimpanti: Lineker smista un pallone sulla sinistra per Dorigo, che dalla trequarti cambia completamente gioco sul fronte opposto per l'accorrente terzino Stevens, il quale tenta uno scenografico tiro di controbalzo dal vertice destro dell'area impattando bene il pallone e costringendo Zenga a disinnescare la fiondata sul primo palo.

Poco dopo è ancora Gary Lineker a crossare dalla destra un pallone golosissimo che per un soffio Beardsley non riesce ad artigliare a due passi da Zenga.

Gli Azzurri decidono che è finito il tempo di stare a guardare e, al 10′, Roberto Baggio raccoglie una corta respinta della difesa inglese, palleggia in bello stile e calcia al volo dai venti metri impegnando centralmente Shilton. È il primo squillo del fenomeno di Caldogno. Non sarà l'ultimo.

Poco dopo Ancelotti, dopo aver ricevuto un appoggio di Baresi, tenta il jolly dai trentacinque metri esplodendo una cannonata verso la porta di Shilton. Esecuzione potente, ma la sfera si alza oltre la traversa.

La prima grande occasione per gli uomini di Vicini arriva con l'uomo che non ti aspetti: Ciro Ferrara, maglia numero 5, si sgancia in progressione e tocca in profondità per Baggio, il cui colpo di tacco favorisce l'inserimento centrale di Giannini. Il regista della Roma non riesce a sfondare, contrastato al limite dell'area da un avversario, ma sulla palla vagante si avventa il *guaglione* napoletano che sferra un preciso destro destinato all'angolino alla destra di Shilton. Il portiere si salva con un balzo felino, che manda il pallone a incocciare il palo.

Pochi minuti dopo ancora Italia e... ancora Ferrara. Il buon Ciro suggerisce in verticale per Baggio, il quale spalle alla porta si gira, apre il goniometro e calibra un preciso destro diretto nell'angolo alla sinistra di Shilton, sul quale il numero 1 si produce in un tuffo plastico.

Un vivace primo tempo termina così a reti bianche. Nella ripresa il copione non cambia: al bando l'attendismo, e l'Italia riprende a insidiare la porta degli albionici. Corner dalla sinistra di Baggio, Maldini allunga di testa per l'insolita incursione in area sul secondo palo di Pietro Vierchowod, che irrompe con il destro di controbalzo spedendo però alle stelle.

Rispondono gli inglesi con un tiro telefonato dai venticinque metri di Lineker, sul quale Zenga si accartoccia.

Le azioni offensive si susseguono senza sosta su entrambi i fronti. La sfida assomiglia a un incontro di boxe in cui entrambi i pugili combattono con la guardia abbassata.

Intanto Vicini al 23′ alza il baricentro e De Agostini viene sostituito dal frizzante e imprevedibile Nicola Berti.

La prima svolta del match è solo una questione di tempo, e arriva puntuale al 25′. Il difensore Mark Wright è temporaneamente a bordocampo per farsi medicare, e l'Italia batte celermente una rimessa laterale in zona d'attacco. Steve McMahon recupera il pallone e lo appoggia all'indietro a Peter Shilton, il quale lo raccoglie con le mani e poi lo mette a terra per giocarlo; l'estremo britannico non si avvede però dell'arrivo di Roberto Baggio, in agguato alle sue spalle, che gli ruba la sfera e poi viene atterrato platealmente dallo stesso numero 1. Sarebbe rigore sacrosanto, ma l'azione prosegue e Schillaci si avventa sulla palla vagante, saltando con un elegante tunnel Des Walker, anticipando il disperato intervento in tuffo dell'indomito portiere e porgendo d'esterno destro un assist al bacio a Baggio, nel frattempo rialzatosi, che danza sulla linea di fondo, mette a sedere con una finta Parker e poi insacca sotto la traversa a porta vuota.

Esplode il San Nicola: con un altro gioiellino il ventitreenne di Caldogno firma il suo secondo gol in questa edizione della Coppa del Mondo. E anche l'arbitro Quiniou, tanto per non smentirsi, tiene a dimostrarsi all'altezza della sua fama: per la cronaca, sul tocco di Schillaci Baggio è, seppur di poco, in posizione di fuorigioco.

L'Inghilterra non ci sta e reagisce rabbiosamente: dopo cinque minuti il centrocampista del Manchester United Neil Webb, entrato al posto di McMahon, raccoglie una corta respinta della difesa azzurra e scarica un gran destro dai venticinque metri, chiamando Zenga alla prodezza per deviare il fendente con un balzo alla sua destra.

Gli ospiti raccolgono i frutti del loro pressing al 35′, in seguito a una lunga azione manovrata. La palla giunge sulla sinistra al crossatore d'eccezione Tony Dorigo, che lascia partire un traversone calibrato sulla testa di David Platt, appostato nel cuore dell'area, il quale indirizza la sfera sotto l'incrocio dei pali alla destra di Zenga, sorpreso sul palo più vicino.

È un gran gol, e sancisce un pareggio giusto. Tempi supplementari – ed ennesimi calci di rigore – inevitabili, dunque? Niente affatto, perché l'Italia ha ancora una cartuccia da sparare.

Mancano sei minuti al fischio finale: il più estroso dei nostri attaccanti, Roberto Baggio, ha l'ultima illuminazione del suo Mondiale. Riceve palla nella sua metà campo, finge di convergere verso il centro e poi trova un corridoio libero sulla corsia di sinistra; vi si infila con un cambio di passo bruciante, semina un avversario in allungo, giunge all'altezza della trequarti, si accentra e vede l'inserimento in area di Schillaci. Il piatto destro chirurgico mette Totò nelle condizioni di puntare l'ultimo difensore, Paul Parker; il numero 19 supera Parker con un tunnel, ma viene ostacolato irregolarmente dall'avversario che alza la gamba destra colpendo il suo ginocchio destro.

Per l'arbitro non ci sono dubbi: secondo rigore del torneo a favore degli Azzurri.

Curioso siparietto all'altezza degli undici metri tra Baggio e Schillaci, con Roby che alla fine affida al palermitano la battuta del penalty. Il momento è cruciale per l'Italia, ma soprattutto per re Totò: in caso di realizzazione raggiungerebbe quota sei reti, issandosi in vetta alla classifica cannonieri del Mondiale (precedendo Tomáš Skuhravý, fermo a quota cinque).

In quest'estate di grazia, il calcio di rigore per Schillaci è una pura formalità: palla a sinistra, portiere a destra e 2-1 in cassaforte.

I tricolori tornano a sventolare al San Nicola di Bari, e in campo non succede più niente. A parte un gol, all'apparenza regolarissimo, annullato al povero Berti, che svetta in area su un lungo cross di Baggio e scavalca Shilton con una scientifica palombella di testa. Fuorigioco, precedente irregolarità? Impossibile dirlo.

Intanto, il Mondiale di Italia e Inghilterra termina al minuto 46 e 40 secondi. Il bronzo va agli Azzurri, mentre gli inglesi si piazzano al quarto posto.

«Fu una partita combattuta, una partita vera» tiene a rimarcare Luigi De Agostini «anche perché noi giocammo con il solito impegno: se non avessimo portato a casa neanche la medaglia di bronzo, dopo un Mondiale entusiasmante come quello che avevamo disputato, sarebbe stata una vera beffa. Vincemmo meritatamente, e alla fine ci fu un bellissimo terzo tempo con i giocatori inglesi per festeggiare l'atto finale del torneo: ci scambiammo sorrisi e strette di mano. Fu forse, tra le altre cose, un modo per confortarci a vicenda, una festa tra deluse: anche loro avevano perso ai rigori nella semifinale con i tedeschi, e anche loro – come noi – probabilmente avrebbero meritato la finalissima di Roma più dei loro avversari. A ben vedere, mi sento di dire che a contendersi il titolo all'Olimpico andarono le due squadre che avevano giocato peggio le semifinali.»

De Agostini sottolinea anche l'impostazione tattica del match contro gli inglesi, radicalmente diversa rispetto a quella che aveva caratterizzato la semifinale con l'Argentina:

> Con i bianchi d'Inghilterra fu una partita *face to face*, giocata in maniera spregiudicata e a ritmi veloci. Contro l'Argentina inevitabilmente l'incontro diventava più sporco: tanti falli, tante interruzioni. Gli inglesi accettarono la sfida alla pari, il che ci consentì senz'altro di esprimerci meglio sotto il profilo tecnico.

Un epilogo agrodolce dunque per i ragazzi di Vicini, che incassano gli applausi del popolo barese. La vittoria è un palliativo fugace, e non indora una pillola che rimane difficile da digerire: la finalissima di Roma tra Germania dell'Ovest e Argentina – decisa da un dubbio penalty di Andreas Brehme – confermerà che, dal punto di vista tecnico, probabilmente eravamo davvero la compagine più forte della manifestazione.

Ma questa competizione è sempre crudele, volubile e sfuggente: sedici anni dopo, nel 2006, gli Azzurri restituiranno il favore ai tedeschi, andandosi a riprendere un Mondiale che avrebbe dovuto essere loro proprio in casa dei teutonici. Senza figurare di certo, ai nastri di partenza, tra i principali favoriti per la vittoria. Esattamente come Matthäus e Klinsmann in quelle Notti Magiche tinte d'azzurro ma, ahinoi, screziate l'8 luglio di nero, rosso e giallo.

LA FINALE

Come detto, all'Olimpico sono i tedeschi a prevalere sugli argentini per 1-0 grazie a un rigore di Brehme. Ma la finale del 1990 passerà alla storia come l'atto conclusivo più brutto, falloso e contestato nella storia dei Mondiali.

Il teatrale direttore di gara Codesal Méndez, probabilmente inadatto a dirigere una partita così delicata, va presto in confusione e le sue decisioni lo porteranno a diventare, per lungo tempo, un incubo per tutti i tifosi argentini.

Che non sarà una finale memorabile lo si intuisce già dall'esecuzione degli inni nazionali: il pubblico italiano, ancora imbufalito per l'eliminazione azzurra, copre di fischi impietosi l'inno argentino, suscitando la rabbia tutt'altro che repressa di Diego Armando Maradona (il Pibe de Oro ringhia più volte, inquadrato dalle telecamere, «*hijos de puta!*» all'indirizzo degli spettatori ululanti).

La gara si rivela ruvida e spezzettata. Si fa fatica, in tutto il primo tempo, a trovare un'azione in linea che smarchi un uomo davanti al portiere.

Ad attaccare di più sarebbe la Germania dell'Ovest, ma tutto ciò che i tedeschi riescono a produrre è una spaccata di Völler in piena area – pallone altissimo che non impensierisce Goycochea – un tiro a giro di Littbarski che si spegne sul fondo e un colpo di testa di Völler ancora alle stelle. L'Argentina riesce solo a fare il solletico alla retroguardia teutonica con una punizione a palombella dal limite dell'area di un impacciato Maradona, finita oltre la traversa sotto lo sguardo vigile di Illgner.

La ripresa è appena più vivace per merito della Mannschaft, che prova a rompere il torpore di un mediocre equilibrio. Prima Littbarski sfiora il gol dopo uno slalom ai venti metri con un destro fuori di un soffio, poi Thomas Berthold manda alto di testa da buona posizione su punizione calibrata di Brehme. Ma l'occasione più propizia capita al roccioso difensore Augenthaler il quale, imbeccato da una grande apertura di Matthäus, si ritrova in area piccola a tu per tu con Goycochea, che in uscita lo aggancia: sembrerebbe rigore, ma non per Codesal Méndez.

E l'Argentina? Si fa notare solo per un fallaccio da codice penale di Monzón su Klinsmann, che costa l'espulsione al difensore albiceleste.

Ridotti in dieci gli uomini di Bilardo arretrano ulteriormente il baricentro, ma non succede nulla fino a quando non si verifica un contatto sospetto nell'area tedesca tra Matthäus e Calderón, sul quale l'arbitro sorvola.

Poco dopo arriva l'episodio grimaldello. A sei minuti dalla fine Völler si incunea in area, contrastato da Sensini. Difficilissimo dire se l'argentino tocchi l'avversario, che rotola a terra: stavolta è rigore, con Codesal che si ritrova letteralmente circondato dagli argentini imbestialiti. Maradona, che capeggia la protesta, si becca l'ammonizione, mentre il penalty viene trasformato da Brehme con un rasoterra che lambisce il palo alla destra di Goycochea, giunto a pochi centrimetri dalla parata.

Poi c'è tempo solo per la seconda espulsione di giornata, ai danni di un furibondo Dezotti. L'Argentina chiude mestamente in 9 contro 11, per la gioia del pubblico romano che festeggia la disfatta dei nostri carnefici.

È il terzo titolo mondiale dei tedeschi, meritato per quanto visto in campo e per l'atteggiamento più intraprendente mostrato in finale rispetto agli avversari. Ma in ogni italiano resta la sensazione di scoramento per il sogno rubato a Schillaci e compagni.

Cala il sipario su un'edizione dei Mondiali avara di gol (la media è di appena 2,21 reti a partita) ma non certo di sorprese, ribaltoni e finali di gara vissuti con il cuore in gola.

Sono state davvero, fino alla fine e nonostante tutto, Notti Magiche.

IL CORO DEGLI AZZURRI

Interviste ai protagonisti di Italia '90

1

Il Dream Team di Italia '90 ai raggi X: punti di forza e di debolezza

Franco Baresi:

Arrivammo all'appuntamento del Mondiale molto fiduciosi, perché Azeglio Vicini aveva confermato in blocco un gruppo che era nato con l'Under 21 e che poi aveva ben impressionato agli Europei dell'88. Con qualche innesto, certo, ma l'ossatura era quella. Eravamo molto coesi: c'era una grande solidarietà reciproca e una straordinaria unione di intenti.

Dal punto di vista tecnico praticavamo un calcio propositivo, che si basava su uno zoccolo duro di giocatori provenienti da Inter, Milan e Napoli. La difesa era, a mio avviso, molto forte. Poi riuscivamo a giocare in modo piacevole, tenendo sempre palla a terra e manovrando con rapidità grazie soprattutto a giocatori del calibro di Donadoni, Giannini, Vialli e all'esplosione di due talenti come Totò Schillaci e Roberto Baggio, che hanno aggiunto qualità e freschezza al nostro organico.

Tra difesa, centrocampo e attacco la squadra era solida, equilibrata e molto ben amalgamata: costruivamo tanto in fase offensiva e, al contempo, concedevamo pochissimo agli avversari.

E poi, devo ripetermi, fondamentale è stata la compattezza dello spogliatoio: il gruppo era collaudato, ci conoscevamo tutti ormai da diversi anni. Inoltre credo che sia stato molto bravo il ct a creare uno splendido clima di armonia tra di noi: Vicini era una persona buona e affabile, abilissima a tenere unito l'ambiente e a tirare fuori il massimo da ciascun giocatore, perché si faceva voler bene da tutti.

Difficile trovare dei difetti a uno squadrone come quello.

Nando De Napoli:

Credo che Vicini si basasse molto sui giocatori che aveva a disposizione. Mi riferisco soprattutto alla difesa: gente come Maldini e Baresi aveva un modo di giocare ben definito nel Milan. Vicini studiava attentamente i movimenti di questi calciatori nella loro squadra di club e poi li riproponeva in nazionale.

Era Baresi a comandare la difesa, dettando lui tempi e posizioni. Dietro si giocava a quattro, così come a centrocampo. Le due punte completavano il nostro 4-4-2. Ma, ripeto, al di là degli schemi tattici era Franco a gestire tutto il reparto arretrato: Vicini gli diceva solo di scendere in campo, nient'altro (*sorride*, N.d.A.). Lui formalmente era il libero, ma in realtà giocava allineato con lo stopper nel 4-4-2: non ha mai fatto il libero staccato, tipo Scirea. Era il vero perno della retroguardia, una Linea Maginot molto collaudata, anche perché in buona parte era composta – comprendendo il portiere – da interisti: Zenga, Bergomi e Ferri, giocatori che si conoscevano a memoria.

Per quanto riguarda la fase offensiva, noi abbiamo iniziato con la coppia di attaccanti Vialli-Carnevale, per poi passare in corso d'opera al duo Baggio-Schillaci. Con Vialli e Carnevale noi centrocampisti ricorrevamo spesso a palle lunghe per sfruttare i centimetri di Andrea, che saltando poteva spizzare di testa e fare da sponda per gli inserimenti della seconda punta. Idem quando al centro dell'attacco giocava Serena: come vedevamo che gli avversari ci pressavano lanciavamo lungo, avendo quel riferimento avanzato.

Cambiava tutto con in campo Baggio e Schillaci, che erano rapidi e brevilinei e dunque prediligevano un gioco palla a terra, basato su veloci triangolazioni. Impostazione tecnico-tattica che era nelle corde di quella squadra, composta da centrocampisti tutti in possesso di un'ottima proprietà di palleggio e di piedi buoni. Anch'io, che venivo considerato fondamentalmente come un mediano incontrista, la palla la sapevo giocare. Almeno a quanto mi ricordo e... a quanto mi dicono (*ride*, N.d.A.). Ma soprattutto c'erano Berti, Giannini... senza parlare poi di Donadoni, uno dei migliori calciatori con i quali abbia mai giocato.

Punti di debolezza in quella formazione? Non ce n'erano. Io ho avuto la fortuna di disputare due Mondiali, uno nell'86 e uno nel '90. E posso dire che una rosa come quella del '90 non ce l'ha avuta quasi nessun'altra nazionale italiana. Basta pensare che ogni elemento di quella squadra, nessuno escluso, era un potenziale titolare. Ma ce ne rendiamo conto? Il terzo portiere era Pagliuca, uno come Baggio ha iniziato il Mondiale in panchina. Mancini non è mai sceso in campo. Due mastini come Vierchowod e Ferrara sono rimasti fuori praticamente per tutta la competizione. Ancelotti ha giocato a corrente alternata, Marocchi non ha mai esordito. Insomma, stiamo parlando di veri campioni.

In questa rosa così ricca e competitiva, paradossalmente l'eroe di Italia '90, Totò Schillaci, era tra i meno dotati tecnicamente. Aveva un buon tiro e soprattutto grande rapidità d'esecuzione, ma non era completo come i più grandi attaccanti che hanno partecipato a quel Mondiale. Ah, ma non lo sto offendendo, eh! Lo sa lui per primo. Del resto, ha avuto il merito più grande: fare i gol. E chi fa i gol, in questo sport, ha sempre ragione. E viene ricordato.

Per quanto riguarda le dinamiche e la gestione dello spogliatoio, be'... diciamo che, essendo quasi tutti i giocatori di quella nazionale delle grandi stelle del calcio italiano, c'erano tante primedonne. Tra di noi andavamo d'accordo, per carità, ma non c'era quel cameratismo e quella solidarietà reciproca che di solito contraddistinguono lo spogliatoio di una squadra di club.

Ognuno sperava che il suo «concorrente» giocasse male, per entrare in campo al suo posto. Ma era normale e giusto così: eravamo tutti ambiziosi, e un Mondiale era un'occasione troppo ghiotta per mettersi in mostra e conquistare il palcoscenico.

Non ci davamo pacche sulle spalle, non ci confortavamo a vicenda: speravamo semplicemente di giocare.

Insomma, il gruppo era solido, ma c'erano degli egoismi che, del resto, credo fossero inevitabili. Quando Schillaci ha preso il posto di Carnevale quest'ultimo non era certo contento, nonostante i tanti gol di Totò.

Certo che adesso, a distanza di tanti anni, a ripensarci... Avevamo Vialli, Baggio, Baresi, Donadoni e poi addirittura Mancini e Vierchowod in panchina: ma come abbiamo fatto a non vincere quel Mondiale? Scoppiavamo anche di salute, eravamo in una condizione fisica eccezionale.

Quella Germania dell'Ovest non era assolutamente superiore a noi. Ma io sono convinto che sia stato il destino a sbizzarrirsi: noi avremmo dovuto vincere il Campionato che si è svolto in Italia, mentre la Germania avrebbe dovuto trionfare ai Mondiali tedeschi del 2006. Invece è successo tutto il contrario. E così al posto nostro ha vinto l'Italia di Lippi. Il quale potrà dire quello che gli pare, ma la nostra nazionale era molto più forte dell'Italia campione del mondo a Berlino. Ma la storia dà e la storia toglie…

Un giocatore della nazionale pre o post Italia '90 che ci avrebbe fatto comodo per vincere quel Mondiale? Io dico Bruno Conti. Tanto per cominciare avrebbe caricato ulteriormente l'ambiente romano, lui che era il re di Roma. E poi avrebbe composto un duo di fascia da urlo con Donadoni: lui avrebbe giocato a sinistra, partendo largo per poi accentrarsi, rifornire le punte e andare al tiro, e Roberto sarebbe stato l'ala destra. Sai che divertimento!

Aldo Serena:

Era una nazionale solida, soprattutto nella fase difensiva. Non praticavamo un calcio eccessivamente aggressivo, ma adottavamo un atteggiamento piuttosto prudente. Non tenevamo il baricentro troppo alto, ragion per cui Vicini si sforzò più volte di trovare la giusta formula offensiva facendo ruotare gli attaccanti. E trovando alla fine nella verve di Schillaci e nella qualità tecnica di Roberto Baggio la combinazione migliore. Totò e Roby erano giocatori che non avevano particolarmente bisogno di sostegno da parte dei centrocampisti: bastava portare la palla nella trequarti e loro riuscivano sempre a inventarsi qualcosa di illuminante.

Inizialmente gli alfieri di quella squadra, investiti di una responsabilità maggiore ed eletti leader dalla stessa federazione, erano Zenga e Vialli.

Gianluca probabilmente ha sentito un po' il peso di quell'investitura e, complice anche un infortunio che aveva subito nelle prime partite, ha stentato a prendersi sulle spalle la nazionale. Il posto lasciato vacante da lui in attacco è stato immediatamente occupato da Schillaci, che aveva già dimostrato di essere tonico e brillante in un'amichevole disputata qualche mese prima dei Mondiali contro la Svizzera, a Basilea.

Io ero consapevole di essere un comprimario, e cercavo di ritagliarmi un mio spazio – come poi è successo – ascoltando sempre con attenzione i consigli del ct e cercando di metabolizzare il suo credo tattico.

Se devo ricordare l'atmosfera che si respirava nel nostro spogliatoio, dico che abbiamo avuto qualche problema all'inizio del ritiro di Coverciano perché Roberto Baggio, quell'anno, era passato dalla Fiorentina alla Juventus, e dunque i tifosi gigliati erano sul piede di guerra. Ecco, questo aveva creato un po' di bailamme. Ma per il resto nello spogliatoio regnava una buona armonia: direi che c'era il giusto mix di giovani e anziani, perché in molti provenivano dall'Under 21 ed erano cresciuti sotto l'ala di Vicini e di Sergio Brighenti. Inoltre avevano fatto parte del gruppo che aveva disputato gli Europei dell'88. Insieme a loro, che si conoscevano da tanto tempo, c'era qualche vecchietto terribile che aveva un ruolo chiave sia in campo che a livello di leadership.

Non ci sono stati screzi tra noi: all'interno del gruppo si viveva in un clima pacifico. Devo ammettere che, in questo senso, molto preziosa è stata l'esperienza maturata da Vicini e Brighenti nei precedenti Mondiali messicani dell'86, durante i quali erano stati dei semplici osservatori per conto di Bearzot ma, cosa fondamentale, avevano preso parte attiva all'evento.

Così, grazie alla loro lunga militanza nel club della nazionale, avevano acquisito quelle conoscenze e quel mestiere che li ha portati poi, quando sono stati chiamati in causa nel '90, a gestire al meglio tutti gli aspetti collaterali e le pieghe psicologiche di un Mondiale: dalle relazioni con i mass media ai rapporti diretti con noi giocatori, contraddistinti dalla capacità di Azeglio di non caricare ulteriormente una vigilia già ricca di tensioni.

Il Mondiale si porta appresso un carico di responsabilità e di aspettative veramente enorme. Lo staff tecnico è stato molto bravo a stemperare quell'atmosfera tirata, trovando anche nei momenti di massima pressione lo spazio per una battuta o una risata liberatoria.

La gestione di un Arrigo Sacchi, per esempio – raccolta, tecnicamente intensa e votata a una concentrazione totale – per via della sua maniacalità può rischiare di generare una pressione insostenibile che finisce per schiacciarti. La forza vera, alla vigilia di un Mondiale, è quella di rimanere in equilibrio, trovando il giusto compromesso tra la concentrazione e la spensieratezza. È quello il mix vincente.

Giuseppe Bergomi:

Tatticamente, a dire la verità, il modulo poteva essere riconducibile a un 3-5-2 più che a un 4-4-2. Nel pacchetto arretrato io e Riccardo Ferri eravamo i due marcatori, con Franco libero. Marcavamo a zona, nel senso che se il mio avversario partiva dalla mia zona e si spostava fino alla parte opposta io non mi mettevo a seguirlo; chiamavo Riccardo, che lo vedeva partire e lo prendeva.

Franco era quello che dava equilibrio: nel passaggio da me a Riccardo c'era lui. La difesa era orchestrata in questo modo. Poi capitava che a inizio azione io mi allargassi a destra e Franco avanzasse in fase di impostazione, scavalcando me e Riccardo, perché aveva delle qualità tecniche che gli consentivano di giocare la palla.

A centrocampo c'erano sulla fascia sinistra Maldini e, dall'altra parte, Donadoni. Ancelotti era il vertice basso, Nando De Napoli fungeva da mezzala destra e Giannini ispirava le due punte con la sua inventiva, giocando da regista avanzato. Non era, a ben vedere, lo stesso ruolo che ha ricoperto Andrea Pirlo negli ultimi anni: Giuseppe era più offensivo, aveva anche licenza di andare a concludere l'azione, come infatti faceva spesso.

Certo quella nazionale era decisamente a trazione anteriore: giocavano contemporaneamente Giannini, Donadoni e le due punte. Poi nel corso del Mondiale ha subito trasformazioni, mantenendo tuttavia più o meno invariato questo canovaccio tattico.

Dopo la prima partita il centrocampo è stato modificato, perché Carlo Ancelotti non ha trovato più spazio. Il reparto è diventato un po' più dinamico con l'innesto di Nicola Berti e lo spostamento di Gigi De Agostini, che dalla difesa è venuto a giocare in mezzo. Giannini e De Napoli sono sempre rimasti le uniche costanti.

Eravamo abili nel difenderci nella nostra metà campo, ma sapevamo anche aggredire alti con i centrocampisti per scatenare i nostri brevilinei dell'attacco, Baggio e Schillaci.

L'idea di far marcare Maradona a uomo da Pietro Vierchowod contro l'Argentina? Sono considerazioni che è facile fare dopo, sapendo come è andata a finire. Prima di tutto, per adottare una soluzione del genere avremmo dovuto cambiare completamente sistema di gioco. Tra l'altro anche io o Riccardo Ferri, per esempio, avremmo potuto marcare a uomo Maradona. Piuttosto Pietro, che era il difensore più veloce che avevamo in rosa, sarebbe stato perfetto per marcare uno scattista come Caniggia.

Non so, la cosa mi lascia perplesso. Vorrei ricordare che Vicini in semifinale aveva già fatto dei cambiamenti: aveva reinserito Vialli per Baggio e schierato De Agostini a centrocampo. Mi metto nei panni di un allenatore: se stravolgi degli equilibri che in quel momento stanno fruttando dei buoni risultati poi tutti sono pronti a puntarti l'indice contro, accusandoti di aver voluto rivoluzionare una squadra che vinceva e convinceva.

Riguardo il clima che si respirava nello spogliatoio, va sottolineato che quella squadra era così competitiva, specie nel mio reparto, che finivano per fare panchina difensori come Vierchowod e Ferrara. Ciononostante, io non ho mai avvertito da parte loro astio o rancore nei confronti di noi che giocavamo. Ci sono sempre stati rispetto e stima reciproca. Poi quando la nazionale va così bene e non prende mai gol è difficile che ci siano malumori.

Gli unici due a soffrire veramente tanto sono stati Carnevale e Ancelotti, perché sono partiti titolari e poi sono scivolati ben presto fuori dall'undici tipo. Vialli invece è uscito perché si è fatto male, rientrando peraltro nella semifinale. Lui del resto era un leader di quella squadra: aveva già fatto i Mondiali dell'86 e conosceva alla perfezione i meccanismi di Vicini.

In definitiva, direi che nello spogliatoio regnava un'atmosfera serena. C'era armonia e un notevole spirito di altruismo: il gruppo si era cementato durante il ritiro di Marino, che era perfetto per trovare la giusta concentrazione e per creare affiatamento tra di noi. Eravamo isolatissimi, in mezzo al verde: ognuno aveva la propria stanza, quindi poteva gestirsi i suoi spazi in autonomia. Poi naturalmente alla sera ci ritrovavamo tutti insieme nella camera di questo o di quell'altro. E si faceva combriccola.

È stato fondamentale per trovare l'unità di intenti che ci ha contraddistinto in ogni partita che abbiamo disputato.

Nicola Berti:

Ci basavamo su una difesa solidissima, quasi tutta dell'Inter. Penso che una difesa così non sia mai esistita: neanche l'Italia campione con Materazzi e Cannavaro è in grado di eguagliarla.

Ma attenzione: quella squadra non era mica solo difesa. Dirò di più: l'Italia del '90 è stata tra le nazionali azzurre più forti di sempre e, di conseguenza, tra le selezioni nazionali più forti in assoluto a livello mondiale, visto che in quegli anni primeggiavamo nel mondo assieme ad altre due o tre formazioni al massimo.

Eravamo la squadra perfetta per vincere un Mondiale. Costruita bene, con un centrocampo di grande corsa e talento e con il valore aggiunto dell'occhio spiritato di Schillaci (*sorride*, N.d.A.), che visse il momento di massima grazia della sua carriera.

L'Italia delle Notti Magiche era forte almeno quanto i campioni del mondo dell'82. Se non addirittura superiore.

Quel titolo avrebbe dovuto essere nostro, nessun dubbio.

E il gruppo… il gruppo era straordinario. Io ero uno di quelli che si divertivano, che facevano casino… be', un casino positivo, si intende! Poi c'erano anche le giornate libere e ognuno se ne andava in giro per conto suo. Tra l'altro in quei tempi a Roma impazzava il gossip, e i paparazzi ci pedinavano quando eravamo in libera uscita: una volta andai in un quartiere seguito da un fotografo, e un mio amico lo tirò giù dall'auto per impedirgli di scattarmi le foto! Dovevamo stare molto attenti: Roma era tutta un pettegolezzo.

Quanto allo spogliatoio, c'era grande coesione e solidarietà reciproca. Quando si va in nazionale bisogna avere l'atteggiamento giusto: anche quando stai fuori e un altro gioca al posto tuo, devi mettere da parte l'incazzatura – che certamente c'è, e guai se non ci fosse – per tifare Italia con lo stesso entusiasmo e sostenere il tuo compagno. Non mi piace lo spirito rancoroso di chi porta solo negatività nel gruppo perché è arrabbiato. C'è invece da compattarsi e fare tutti insieme il bene della squadra. Anche dalla panchina.

Io per la maglia azzurra avrei giocato pure in porta. Il legame con la nazionale è sacro.

Pietro Vierchowod:

Parto dal ruolo che ebbi io in quel Mondiale. Subito dopo la sfortunata spedizione in Messico dell'86 con Bearzot, alla quale avevo preso parte, Vicini mi disse che per Italia '90 non sarei rientrato nei suoi piani: avrei avuto trentun anni, secondo lui sarei stato troppo vecchio.

Tuttavia, a pochi mesi dall'inizio del Mondiale venni convocato, dopo quattro anni di assenza dalla nazionale, per un'amichevole in Olanda. Il motivo? C'era da marcare Marco van Basten. Io in campionato me l'ero sempre cavata molto bene con lui, e anche in quell'occasione feci una grande partita, mettendogli la museruola: finì 0-0.

Così Vicini mi prese da parte e mi disse che, se avessi accettato l'idea di non giocare tutte le gare da titolare, al Campionato del Mondo ci sarebbe stato posto anche per me.

Dunque alla fine partii per il ritiro di Marino, e vissi una splendida esperienza. La squadra era fortissima, composta da giocatori giovani e di sicuro avvenire. Tra i protagonisti più attesi forse l'unico che, almeno sul piano realizzativo, non tenne fede alla sua fama fu Vialli, che giocò bene ma non segnò mai. Fu anche molto sfortunato, cogliendo pali e mancando alcune occasioni clamorose. In compenso esplose Schillaci, che si presentava come un buon giocatore ma non certo come il trascinatore dell'attacco: al Mondiale segnò soprattutto di rapina, sfruttando il lavoro degli altri. Mi ricordava il Paolo Rossi di Spagna '82, che sulla respinta del portiere o della difesa era sempre pronto a ribadire in rete.

In generale devo dire che proponevamo un buon calcio: arrivavamo bene sul fondo e mettevamo tante palle in mezzo. Sfruttavamo a meraviglia le fasce, soprattutto. Contro le squadre più abbordabili, come l'Austria e la Cecoslovacchia, tendevamo a imporre il nostro gioco, mentre quando affrontavamo le rivali più forti agivamo di rimessa, assecondando le caratteristiche dei nostri brevilinei rapidi e fantasiosi. Eravamo una nazionale versatile, intelligente, capace di adattarsi.

Mi è rimasta la convinzione che, se avessimo superato l'ostacolo Argentina, avremmo vinto il Mondiale. In finale i tedeschi ci avrebbero sofferto, e noi storicamente sappiamo come batterli. Avremmo impostato una partita tutta di attacco. D'altra parte la Germania dell'Ovest disputò una finale inguardabile contro l'Argentina, vincendo senza mai tirare in porta e grazie a un rigore secondo me inesistente. Non a caso ritengo quella che si è presentata ai nastri di partenza di Italia '90 come una delle selezioni tedesche più modeste di sempre.

Tornando a noi, da un lato fu una grande soddisfazione vedere quell'Italia, che all'inizio in molti snobbavano, giocare così bene. Dall'altro però alla fine prevalse la delusione: facemmo trenta e non riuscimmo a far trentuno.

Per quanto riguarda lo spogliatoio, ricordo un gruppo unito e allegro. Stavamo bene insieme, ed eravamo consapevoli della nostra forza. Poi quando avevamo bisogno di qualcosa andavamo sempre da Giampiero Boniperti, il capo delegazione: ci pensava lui a risolvere tutti i problemi.

L'unico a non essere sempre contento era Vialli, perché non riusciva in nessuna maniera a far gol. Questa cosa gli pesava: magari faceva una sforbiciata, o un gran tiro in porta, o un numero in acrobazia... ma poi la palla andava sul palo o sbatteva sul portiere e il gol lo faceva Schillaci. Per un attaccante non riuscire a segnare è complicato da accettare.

Salvatore Schillaci:

Ho avuto la fortuna di giocare con fior di campioni. Ma non solo in nazionale: in quegli anni il calcio era al top in Italia. Scendevo in campo, in serie A, contro avversari come Maradona e Careca, per citarne solo due.

Quanto alla selezione di Vicini, credo fosse una delle nazionali più forti di tutti i tempi. Sullo stesso livello della squadra dell'82. A nominare i singoli che componevano quell'Italia viene la pelle d'oca. E l'unico carneade, di fatto, ero proprio io. Venivo dalla serie B, dove mi ero fatto valere con la maglia del Messina, e da un buon primo anno alla Juventus. Ma ero sostanzialmente l'oggetto misterioso del gruppo.

Tatticamente giocavamo a uomo: all'epoca solo il Milan praticava la zona. Eravamo capaci di impostare la partita all'attacco ma anche di fare un po' di catenaccio, quando ce n'era bisogno. La difesa, in particolare, era imperforabile. Anche se il vero punto di forza era il collettivo: durante il Mondiale si era creata una chimica eccezionale tra di noi, eravamo uniti e straordinariamente compatti. Sembrava che nulla potesse sconfiggerci.

Nel ritiro di Marino si scherzava tanto tra di noi. Vicini sapeva spremerci negli allenamenti ma anche farci rilassare, consentendo alle famiglie di venire a farci visita ogni tanto.

A essere sincero, io mi sentivo un po' un pesce fuor d'acqua. Catapultato in nazionale dopo un solo anno di Juve, pendevo dalle labbra dei miei compagni: ascoltavo, assorbivo come una spugna ogni consiglio, prendevo esempio dai senatori del gruppo.

Se quella squadra aveva un punto debole? Mah, secondo me no. Vincemmo quasi tutte le partite, eravamo completi in ogni reparto e il Mondiale si poteva tranquillamente portare a casa. La qualificazione alla finale fu compromessa da un banale episodio: l'errore di Zenga in uscita su Caniggia. Walter aveva fatto un Mondiale splendido, ma purtroppo quando sbaglia il portiere non c'è nessuno che possa metterci una pezza. D'altra parte non si possono neanche addossare a lui tutte le colpe: i numeri 1, che spesso ti salvano le partite, sono istintivi, agiscono in base a quello che si sentono di fare in quel momento. Lui optò per l'uscita sul cross dalla sinistra, sbagliando però il tempo.

L'unico, vero nostro limite era forse la capacità di tirare i rigori. Quando i supplementari si conclusero sull'1-1 pensai infatti che il sogno di alzare la Coppa del Mondo era svanito: i tiratori argentini dagli undici metri erano molto più bravi dei nostri.

Perché io non calciai il rigore? Ero arrivato alla fine della partita stremato, e in più avevo un risentimento agli adduttori. Mi sembrò corretto lasciar tirare chi si trovava in condizioni fisiche migliori. Non riuscivo neanche a camminare.

Luigi De Agostini:

Credo che vincere tutte le partite, tranne una persa ai rigori, e arrivare terzi sia stata una sfortuna più unica che rara.

C'era solo da fare i complimenti a quella squadra, ancora oggi ricordata da tutti. È molto difficile parlare di punti deboli ripensando all'undici titolare. Semplicemente, si trattava di una formazione fortissima che avrebbe meritato ben miglior sorte.

Eravamo disposti in campo con il libero, Baresi, che si staccava rispetto ai marcatori Bergomi e Ferri. Questo dava modo a Maldini di giocare più avanzato e dunque di farsi sentire in fase di spinta. Io mi interscambiavo proprio con Paolo sulla fascia sinistra: Vicini mi schierava a centrocampo. Sulla destra e sul centro-destra c'erano Donadoni e De Napoli; Giannini fungeva da suggeritore per le due punte.

Avevamo tutto per vincere, non c'è dubbio. Mi piace accomunare l'Italia del '90 a quella del '78, che ho avuto la fortuna di ammirare nella sua spedizione in Argentina: giocava in modo splendido.

La sorte di queste due nazionali è stata molto simile: anche gli Azzurri del '78 avrebbero meritato di arrivare almeno in finale, invece finirono quarti. D'altra parte in una rassegna di breve durata come il Campionato del Mondo gli episodi nelle singole partite sono decisivi, quindi ci sta che non sempre trionfi chi esprime il calcio migliore.

Giuseppe Giannini:

Era una super squadra, che annoverava in rosa molti giocatori poi divenuti – non a caso – grandi allenatori: da Ancelotti a Mancini, passando per Zenga.

Eravamo ben assortiti: si partiva dai portieri, Zenga e Tacconi, di grande talento ed esperienza, per giungere alla linea difensiva, guidata da autentici giganti. La straordinaria solidità si combinava con la fantasia del centrocampo, che innescava le punte: c'eravamo io, che ero dotato di una discreta tecnica, un velocista dribblomane come Donadoni e giocatori raffinati dalla metà campo in su, come per esempio Gigi De Agostini. In più dal basso partiva Baresi, che era un ex centrocampista e cominciava a impostare l'azione dalle retrovie.

Ci piaceva comandare il gioco. Attaccavamo in tanti, eravamo sempre almeno in cinque: io, Donadoni, Baggio, Schillaci e poi si inserivano a turno De Napoli o De Agostini. Anche Maldini spingeva forte sulla sinistra.

Punti deboli di carattere tecnico, tattico e fisico-atletico non riesco proprio a trovarne. Forse l'unico aspetto in cui siamo stati un po' carenti è stato quello psicologico. Probabilmente, e lo dico dopo tanti anni con il senno di poi, abbiamo subito la pressione che scaturiva dal fatto di giocare in casa e di essere obbligati a vincere. Una maggiore freddezza, soprattutto un maggiore distacco rispetto a tutto ciò che quel Mondiale rappresentava, ci avrebbe fatto bene.

Anche il fatto di giocare a Napoli contro Maradona ci ha influenzato. Siamo scesi in campo condizionati dalla situazione ambientale, e questo ci ha frenato. Chiariamoci: erano sensazioni sotterranee, mai dichiarate o manifestate espressamente. Che io ricordi, tra di noi non abbiamo mai parlato di questa tensione strisciante che avvertivamo. Anzi, all'apparenza eravamo spensierati, e senza dubbio ben concentrati sull'obiettivo.

Però adesso, riflettendoci a mente fredda, io dico che sportarci dall'Olimpico al San Paolo inconsciamente ci ha giocato un brutto scherzo.

Riccardo Ferri:

Il punto di forza era il gruppo, nato dalle ceneri del Mondiale messicano dell'86 e cresciuto con l'esperienza dell'Europeo dell'88. Con qualche ritocco mirato rispetto a quello zoccolo duro, Vicini ha ottenuto una squadra dai grandi valori morali e davvero piena di qualità.

Il punto di debolezza? Secondo me è mancata un po' di fisicità nella partita contro l'Argentina: se fossimo stati fisicamente più performanti avremmo messo in crisi un avversario che non ci era sicuramente superiore, e avremmo raggiunto quella finalissima che era alla nostra portata. Va pure detto che avevamo speso moltissimo, dal punto di vista atletico, nelle precedenti partite, quindi forse siamo arrivati alla semifinale un po' scarichi.

Non solo: giocare un Mondiale in casa ci condannava a un ruolo da favoriti d'obbligo, e il peso di queste aspettative così elevate ci ha sicuramente logorato a livello nervoso e mentale, togliendoci tante energie. Questo si è visto soprattutto nella semifinale, perché l'Argentina, al contrario, poteva giocare libera mentalmente: affrontando l'Italia padrona di casa, non aveva niente da perdere. Tra l'altro loro erano giunti all'appuntamento con la semifinale al culmine di un Mondiale non certo esaltante. Noi invece avevamo fatto percorso netto, vincendo tutte le sfide magari di misura, senza dispensare goleade, ma ribadendo sempre con autorevolezza la nostra candidatura a vincitori della competizione. Per cui, partita dopo partita, cresceva la pressione su di noi, che dovevamo ogni volta alzare l'asticella per dimostrare di essere i più forti.

Comunque dobbiamo riconoscere che, da un punto di vista tattico, quella era una nazionale moderna, se non addirittura in anticipo sui tempi. Soprattutto a livello difensivo: quando si perdeva palla in attacco, i primi a infastidire i portatori avversari e a cercare di recuperare il possesso erano proprio gli attaccanti. Poi avevamo la qualità di un Donadoni, di un Baggio e di un Giannini, e già a partire da dietro di un Baresi o di un Maldini, che avviavano l'azione in modo efficace. Eravamo sicuramente avanti, rispetto a tante altre nazionali, nel modo di concepire ed esprimere una filosofia basata sulla costruzione del gioco.

Ci si può forse imputare il fatto di essere stati un po' sterili in fase conclusiva, creando poche volte, contro l'Argentina, i presupposti per andare in rete. Avremmo potuto essere sicuramente più propositivi in zona gol, capitalizzando il lavoro di costruzione svolto dalla squadra. Per contro avevamo una percentuale di realizzazione elevatissima, perché potevamo contare su quel grande cecchino che era Schillaci: anche in allenamento capitava sempre che, su ogni palla vagante, si avventasse lui, calciasse e facesse gol. E così è stato per tutto il Mondiale.

Roberto Donadoni:

Vicini giocava con un modulo molto vicino al 4-4-2. Tecnicamente e tatticamente si trattava di una squadra ben assortita, composta da giocatori di qualità. Eravamo ricchi di inventiva ma, soprattutto, disposti in campo in modo molto equilibrato. E un team è forte e competitivo proprio quando riesce a coniugare le due fasi di gioco: noi sapevamo difenderci bene, ma sapevamo anche proporci in avanti in modo incisivo.

Da un lato, in fase difensiva avevamo giocatori capaci di trattare la palla con disinvoltura e di contribuire ad avviare l'azione con qualità. Il che dava grossi vantaggi nella fase offensiva. Per contro, a loro volta gli attaccanti aiutavano molto i difensori e retrocedevano a coprire quando ce n'era bisogno. Ecco in cosa consiste il famoso equilibrio che fa le fortune di ogni squadra. A maggior ragione di una selezione nazionale, che annovera giocatori tecnicamente sopra la media: trovato l'assetto tattico ideale, i tempi e i meccanismi giusti – il che coincide con il riuscire a fare le due fasi come si deve – si scende in campo con una marcia in più rispetto agli avversari.

2

Il labile confine tra la vittoria e la sconfitta: cosa ci è mancato per essere campioni?

Franco Baresi:

Facemmo le prime cinque partite a Roma, instaurando un feeling eccezionale con il pubblico. L'Olimpico ci ha accolto, sostenuto e trascinato in modo fantastico, dandoci sempre una carica in più.

In quei cinque incontri siamo riusciti a concedere pochissimo agli avversari e a collezionare tante azioni da gol: ci siamo dimostrati una squadra difficile da battere.

Poi, in semifinale, ci siamo trasferiti a Napoli. E lì è successo qualcosa: forse cambiando lo stadio si è come rotta quell'alchimia, quella magia che si era creata tra noi e l'Olimpico. Se fossimo rimasti a Roma, forse, sarebbe stato meglio.

Poi è chiaro che ci è mancato quel pizzico di fortuna che serve per arrivare in fondo a una competizione come un Campionato del Mondo. Resta il fatto che, a mio avviso, meritavamo di arrivare in finale Poi non so come sarebbe andata, ma la gara per il titolo contro la Germania dell'Ovest avrebbe dovuto essere nostra. Per tante ragioni: perché eravamo una bella nazionale, perché avevamo tante qualità. Ma soprattutto perché non avevamo mai perso.

Non voglio togliere nulla all'Argentina, che disponeva di veri campioni come Maradona e Caniggia, tecnici e veloci. Tutto sommato la loro era una squadra anche più esperta della nostra, perché veniva da un Mondiale vinto in Messico e aveva un'intelaiatura molto solida. Certo, non giocava un calcio spettacolare ed era stata piuttosto fortunata ad arrivare fino alla semifinale. Ma per noi a Napoli non fu affatto una partita facile: fu tirata, intensa, forse fin troppo sentita da parte nostra. Non esprimemmo il bel gioco messo in mostra nelle sfide precedenti. Poi capita che un episodio ti va male, vai in vantaggio e ti fai recuperare nel secondo tempo.

Contavamo di portarla fino in fondo con il gol di Schillaci, anche perché la nostra difesa era difficilmente superabile. Ma è andata male, tutto qua.

Se abbiamo preso sottogamba l'Argentina? Ma no, questo è impossibile. Quando affronti un Campionato del Mondo devi essere sempre al cento per cento e concentrato al massimo, fin dalla prima partita del girone eliminatorio, perché ogni squadra può crearti dei problemi. Quello di sottovalutare gli argentini era un rischio che non avremmo mai potuto correre.

Nando De Napoli:

Sono stati degli episodi a condannarci. Per quanto debba ammettere che nella semifinale con l'Argentina non abbiamo disputato la nostra miglior partita, anche Maradona e compagni non è che abbiano combinato un granché: abbiamo sempre avuto noi il controllo della situazione.

Ci è mancato soltanto un pizzico di fortuna: dopo centoventi minuti molto tesi e combattuti, siamo andati ai rigori e siamo usciti sconfitti. A livello personale, è stata la delusione più cocente di tutta la mia carriera. Proprio perché sentivamo profondamente dentro di noi che avremmo potuto vincere.

Ci volevano delle circostanze estremamente negative e sfortunate – che si sono puntualmente verificate – perché l'avventura non terminasse con quello che sembrava l'inevitabile lieto fine.

Troppo facile e ingeneroso gettare la croce addosso a Zenga. Ripeto, il gol di Caniggia è stato un episodio. Come ha sbagliato Walter, che all'epoca era tra i più forti portieri europei, avrebbe potuto sbagliare qualcun altro.

E poi voglio dire una cosa: non è una scusante, perché noi abbiamo perso una partita sul campo. E non voglio neppure attirarmi le antipatie dei miei corregionali, io che sono campano e ho giocato tanti anni nel Napoli. Ma al San Paolo abbiamo trovato proprio un altro ambiente. Niente a che vedere con l'entusiasmo puro di Roma.

La verità, a prescindere da quello che si è scritto e si è raccontato, è che metà stadio – a Napoli – tifava Argentina. E questo noi in campo lo sentivamo. Ah, se lo sentivamo!

Ricordo chiaramente che quando tornai a casa, dopo la partita, mia madre mi disse: «Madonna, che vergogna!».

Maradona era stato molto furbo a rilasciare quell'intervista, subito prima della semifinale, in cui faceva notare che gli italiani si ricordavano e parlavano bene dei napoletani solo in occasione di partite come quella, per sfruttare il loro calore e indurli a tifare per la nazionale. In questo modo Diego spinse molti napoletani a schierarsi dalla parte dell'Argentina.

Aldo Serena:

Contro l'Argentina la nostra prestazione in tono minore in parte dipese dalle famose dichiarazioni provocatorie di Maradona, che aveva giocato a ingraziarsi i tifosi del Napoli. Così l'atmosfera che trovammo era un po' rotta: parte dello stadio era con noi, il resto tifava Argentina perché vi giocava l'idolo di casa.

Però va anche detto che noi, nella semifinale, non abbiamo avuto quella tranquillità e quell'esuberanza che nelle altre partite avevamo dimostrato. Forse siamo arrivati alla sfida troppo tesi, senza la concentrazione e l'equilibrio giusti. Aggiungiamoci che l'Argentina era una squadra ostica da affrontare, perché sapeva difendersi benissimo – si mettevano in sei in linea di fronte alla propria area di rigore, togliendoci la possibilità di andare in profondità – e giocava nella sua metà campo, sfruttando poi i rifornimenti di Maradona per Caniggia che partiva in velocità, ed ecco spiegata la nostra prestazione non convincente.

Poi si può discutere anche su alcune scelte di Vicini, come per esempio la decisione di non schierare Vierchowod per marcare a uomo Maradona e la riproposizione in attacco di Vialli al posto di un lanciatissimo Roberto Baggio. In tornei così brevi è fondamentale sfruttare i momenti di grazia di giocatori che si rivelano nell'arco di poche e ravvicinate partite, magari anche sovvertendo – se necessario – le gerarchie. Vialli, tra l'altro, rientrava da un leggero infortunio, e non poteva essere al massimo della forma.

Giuseppe Bergomi:

Quello che dico non sarà gradito agli amici napoletani, ma è ruotato tutto attorno a quella partita di Napoli.

Io non so chi abbia studiato il calendario. Quel che è certo è che noi abbiamo fatto di tutto per non andare via da Roma. Con la Cecoslovacchia, nel girone, dovevamo vincere a tutti i costi per arrivare primi e giocare all'Olimpico anche l'ottavo di finale. Il clima nella capitale era incredibile, da brividi. Veramente una cosa mai vista. A partire dalle ali di folla impazzita che trovavamo fuori dal ritiro di Marino quando uscivamo con l'autobus.

Poi siamo andati a giocare a Napoli e... l'ambiente non era più lo stesso. Lo si percepiva a pelle: qualcosa era cambiato.

Non è una giustificazione, tengo a sottolinearlo. Ma è un qualcosa che mi porto ancora dentro. Quella partita per me è una ferita aperta: ero capitano di una nazionale così bella e brillante. Non vincere il Mondiale in casa, con tutte le aspettative che si erano create attorno a noi, è stato terribile.

Quando, prima della partita, siamo scesi in campo al San Paolo per fare un po' di riscaldamento, abbiamo sentito qualche applauso, qualche incitamento... ma non lo stesso calore che ci trasmetteva Roma. E questo ha pesato. Poi ovviamente è stata anche colpa nostra, perché nei centoventi minuti di gioco avremmo potuto e dovuto fare di più. In particolare, avremmo dovuto evitare di commettere gli errori in fase difensiva che hanno portato all'1-1 di Caniggia: io avrei dovuto pressare Maradona nell'azione che è sfociata nel cross decisivo, Riccardo Ferri in area avrebbe dovuto colpire lui il pallone di testa, Walter avrebbe potuto scegliere meglio il tempo dell'uscita. C'è stata una concomitanza di circostanze negative.

E poi affrontavamo una squadra che forse non aveva grande talento, ma poteva disporre di Maradona e Caniggia: due fuoriclasse assoluti.

Detto questo, se la semifinale l'avessimo disputata a Roma l'avremmo vinta a mani basse. Poco ma sicuro. Tanto di cappello ai nostri avversari, che erano di indiscusso valore. Ma se ci fosse stata l'atmosfera che avrebbe dovuto esserci in una semifinale mondiale giocata in Italia, gli argentini non avrebbero avuto scampo.

Nicola Berti:

La solita disorganizzazione italiana, a livello federale, ha fatto sì che la semifinale si giocasse a Napoli, dove abbiamo trovato un ambiente condizionato dalle sparate di Maradona. Però è anche vero che il Mondiale deve prescindere da queste cose e deve seguire la sua strada.

Sta di fatto che noi a Roma avevamo provato delle emozioni paurose, con le decine di migliaia di tifosi che ci accompagnavano dallo stadio Olimpico al ritiro di Marino.

Detto che giocare contro l'Argentina a Roma sarebbe stato determinante, veniamo alla questione tattica. Le ragioni della sconfitta si possono trovare anche in alcune scelte che fece Vicini. Per esempio schierare contemporaneamente due terzini sinistri: Paolo Maldini e Gigi De Agostini. C'ero io che scalpitavo per giocare a centrocampo, avrei dato alla squadra più dinamismo e la formazione, con un solo terzino sinistro in campo, sarebbe stata più logica.

In tutta franchezza, credo che a Napoli avremmo dovuto giocare io e pure Roberto Baggio dal primo minuto. Nel girone eliminatorio avevo disputato delle ottime partite, mentre Baggio aveva fatto delle giocate sensazionali e un gol spettacolare contro la Cecoslovacchia.

Per carità, io non ce l'ho con De Agostini che ha giocato al posto mio, eh. Ce l'ho con Vicini, semmai! (*Ride*, N.d.A.) No, scherzo, non ce l'ho con nessuno. Ormai il passato è passato.

Però, porca miseria, quanto avrei voluto avere l'opportunità di scendere in campo contro l'Argentina. In quegli anni, fine Ottanta, con Maradona mi ero incrociato tante di quelle volte nelle battaglie tra Inter e Napoli! Avevo anche avuto dei problemi con lui, avevamo litigato in campo. E allora fai giocare me, fai giocare, caro Vicini... a Napoli contro Maradona. Non aspettavo altro!

Che poi, diciamolo pure: Maradona in quella partita non è che abbia fatto chissà che. A maggior ragione, bisognava avere un pizzico di coraggio in più nella scelta dell'undici iniziale. Soprattutto contro una squadra arroccata in difesa come quella di Bilardo, che ricorreva a ogni mezzo pur di non farti giocare. Erano grandi e grossi e, cosa non trascurabile, erano dei veri marpioni.

Noi avremmo dovuto attaccarli con maggiore veemenza. Uno come Baggio in una partita del genere non puoi tenerlo fuori. Con Schillaci stava facendo faville, la squadra aveva trovato la sua formula vincente, stava andando al massimo... e allora lasciala andare, no? Invece Vicini ha voluto cambiare.

Pietro Vierchowod:

Le scelte del nostro allenatore, devo dirlo, contribuirono a farci perdere contro l'Argentina.

Vicini aveva costruito un'Italia brillante e tatticamente intelligente, ma commise un unico, gigantesco errore. Una volta giunti a mezz'ora dalla fine al San Paolo, sull'1-0 in semifinale, c'era una sola cosa da fare: inserire me per farmi marcare a uomo Maradona. Gli sarei rimasto incollato come avevo sempre fatto in campionato, non lo avrei più fatto giocare.

In quel momento stavamo soffrendo il ritorno dell'Argentina: loro ci pressavano a centrocampo e stavano cominciando a buttare palle su palle in mezzo all'area, noi eravamo stanchi e ci eravamo ritirati indietro. La scelta più logica era quella di tagliare la loro principale fonte di gioco, cioè Maradona, irrobustendo il centrocampo. Io infatti non avrei agito da difensore centrale, ma proprio da mediano. Avrei seguito il Pibe de Oro come un'ombra: lui stesso si era più volte complimentato con me in passato per come l'avevo saputo limitare senza ricorrere al gioco duro.

Invece Vicini fece dei cambi assurdi e mi lasciò in panchina. Avrebbe potuto inserire pure qualche altro mediano, per dare consistenza al centrocampo ed erigere una diga che soffocasse il gioco argentino. Non c'era infatti solo Maradona da controllare, ma anche Basualdo, che giostrava l'azione e si inseriva spesso in avanti.

Quel cross per Caniggia non sarebbe mai partito se io mi fossi preso personalmente cura di Maradona, perché la palla non sarebbe arrivata così facilmente a Olarticoechea sulla sinistra.

Sarebbe bastato un semplice accorgimento tattico nell'ultima mezz'ora del San Paolo e avremmo vinto la semifinale. E, di conseguenza, il Mondiale.

Hai voglia a dire, come ripeté a lungo il ct dopo la sconfitta, che l'Italia non perse neanche una partita. Vero: ma pareggiò proprio quella più importante. A causa di una scelta quantomeno discutibile.

Salvatore Schillaci:

Mah, in realtà non credo ci sia mancato niente per vincere. Errore di Walter sul gol di Caniggia a parte.

Il fatto è che quando disputi un grande Mondiale, vincendo quasi tutte le partite, sei in pace con la tua coscienza. Uscire ai rigori può essere accettabile, molto più di quanto non sarebbe stato perdere la sfida nei tempi regolamentari o supplementari.

Dopo il pareggio di Caniggia abbiamo cercato ripetutamente di trovare il 2-1, ma non abbiamo avuto fortuna. Non ci si può appellare neanche alle scelte del tecnico: inutile polemizzare su chi avrebbe potuto o dovuto giocare. Se Vierchowod avesse marcato a uomo Maradona, se Roberto Baggio fosse stato schierato dal primo minuto… Con i se e i ma non si fa la storia.

Se ho mai parlato con Zenga della sua famosa uscita a vuoto? No, non abbiamo affrontato direttamente l'argomento: non mi sembrava carino toccare con lui un tasto così delicato. Una cosa è certa: Walter, intervistato più volte in merito a quel gol, ha sempre sostenuto di non aver commesso alcun errore. E, soprattutto, ha tenuto a sottolineare che il Mondiale non l'abbiamo perso per colpa sua.

La verità, secondo me, è che l'errore c'è stato: il tempo dell'uscita era sbagliato. Zenga avrebbe potuto tranquillamente restare in porta su quel cross, anche perché Caniggia era marcato e, per giunta, la palla l'aveva presa di nuca. Ma lui ha respinto ogni accusa e ha ricordato a tutti di aver disputato un grande Mondiale, rifiutando di essere additato come il responsabile della sconfitta.

Luigi De Agostini:

Difficile dire cosa sia mancato. Abbiamo subito un unico gol in tutto il Mondiale, escludendo quello segnato dall'Inghilterra nella finale per il terzo posto, e non siamo riusciti a raddoppiare contro l'Argentina. In fondo la storia è tutta qui.

Inoltre anch'io devo ribadire che giocare a Napoli proprio contro Maradona non ci ha certo aiutato. Ma la vittoria doveva essere nostra, eravamo più forti degli argentini e la finale ci sarebbe spettata di diritto.

Al di là del fattore ambientale, la Selección impostò quella sfida in maniera attendista, sfruttando la fisicità di molti dei suoi giocatori e soprattutto la velocità di Caniggia in avanti. Avevano passato i turni precedenti giocando nello stesso modo: soprattutto contro il Brasile avevano sofferto e subito moltissimo.

Non c'è dubbio che l'Argentina abbia avuto delle nazionali molto più forti e più spettacolari di quella del '90; resta il fatto che la compagine di Bilardo era tignosa, scorbutica, difficile da affrontare.

Walter Zenga responsabile della nostra eliminazione? No, è una cosa che non concepisco. Si vince e si perde in undici, io la penso così. Non ho mai accusato nessuno, non ho mai imputato nulla neppure ai due, Donadoni e Serena, che hanno sbagliato i rigori. Anzi, vanno solo elogiati perché si sono presi la responsabilità di calciare in un momento così delicato. Per me il compagno è sacro.

Se avremmo battuto la Germania dell'Ovest nella finale? Difficile dirlo: una finale, per definizione, sfugge a ogni logica. So solo che all'Olimpico avremmo meritato di esserci noi, e non certo l'Argentina.

Con i tedeschi, ai quali tecnicamente e tatticamente non avevamo nulla da invidiare, avremmo avuto il cinquanta per cento di possibilità. Di sicuro l'ambiente ci avrebbe dato una spinta importante: noi eravamo carichi e avremmo venduto ben cara la pelle. Sarebbe stata una sfida tra due grandi squadre.

Giuseppe Giannini:

Noi a un certo punto eravamo nelle condizioni di poter scegliere se finire da una parte del tabellone, classificandoci secondi nel girone e andando a giocare la semifinale a Torino verosimilmente contro l'Inghilterra, o piazzarci dall'altra parte del tabellone arrivando primi, con la prospettiva di sfidare l'Argentina a Napoli.

I dirigenti federali dell'epoca spingevano per Napoli, perché ritenevano che fosse più pratico per motivi logistici: non avremmo dovuto spostarci troppo dal ritiro laziale di Marino, non avremmo accusato il trambusto del trasloco fino a Torino e, in generale, avremmo risparmiato energie preziose.

Per assecondare queste direttive si è scelto di non fare calcoli nella fase a gironi. La squadra ha deciso di provare a vincere tutte le partite, mentre se avesse voluto collocarsi dalla parte del tabellone con vista su semifinale a Torino avrebbe dovuto lasciare alla Cecoslovacchia il primo posto nel girone.

Certo che a ventotto anni di distanza viene da pensarlo: probabilmente in un'eventuale semifinale a Torino con l'Inghilterra saremmo andati meglio di come siamo andati a Napoli. Ma non c'era niente da fare. Al di là dei disagi del trasloco, i dirigenti nelle riunioni con noi giocatori insistevano tantissimo sulla storia del grande entusiasmo popolare di Roma, dello stadio Olimpico: non bisognava tradire i tifosi, bisognava dare il massimo in ogni partita e pazienza se si fosse finiti ad affrontare Maradona nella sua Napoli.

A mente fredda, sarebbe stato meglio investire sulla semifinale al Delle Alpi? Il dubbio mi rimane.

Riccardo Ferri:

Benché per il novantanove per cento la squadra abbia fatto tutto quello che c'era da fare nel migliore dei modi, secondo me siamo stati troppo prudenti.

Il nostro errore è stato quello, in certi frangenti contro l'Argentina, di non essere saliti con tutta la squadra per affondare i colpi quando ve ne era la possibilità. Avremmo dovuto essere più aggressivi, più propositivi. Avremmo dovuto osare di più, perché avevamo i mezzi per farlo. Però è anche vero che questo atteggiamento ci ha permesso di essere praticamente impenetrabili dietro.

Ci è mancato davvero pochissimo: questione di dettagli. Si è trattato di piccole imperfezioni, che alla fine ci hanno condannato. D'altro canto per sollevare una coppa così importante serve anche la componente fortuna: non solo a livello di Mondiali, ma anche di Campionati Europei e Champions League, ho visto trionfare squadre che nel corso della competizione avevano commesso molti più errori di quanti ne avevamo fatti noi a Italia '90. Eppure, a seconda delle congiunzioni astrali, a volte riesci ad arrivare in fondo e, magari, perfino a vincere.

Roberto Donadoni:

Io non credo mai che sia una questione di fortuna o sfortuna. Penso che ci siano prima di tutto degli avversari con i quali fare i conti, che possono metterti in grande difficoltà, limitare i tuoi pregi e accentuare i tuoi difetti.

Tuttavia, a livello di squadra e di organizzazione di gioco noi eravamo superiori all'Argentina, e quella superiorità l'avevamo espressa nel corso dei centoventi minuti della semifinale. Gli argentini erano stati bravi a capitalizzare le loro occasioni e a portare a casa un risultato, secondo me, un po' bugiardo.

Se avremmo affrontato la finale con la Germania dell'Ovest da favoriti? Be', io credo che indicare un favorito alla vigilia di una qualsiasi finale sia sempre azzardato. Si tratta di partite particolari: abbiamo visto anche in Champions League che i favoriti rischiano di restare tali solo sulla carta. A Cardiff la Juventus sembrava avere qualcosa in più del Real Madrid, poi gli spagnoli hanno dilagato. È capitato anche a me quando ho disputato con il Milan la finale di Champions ad Atene contro il Barcellona, nel 1994. I catalani avevano iniziato a festeggiare ancora prima che si scendesse in campo, poi hanno beccato quattro gol.

Le finali sono sempre senza pronostico: il fatto stesso che si tratti di una finale significa che la vittoria è all'eguale portata di entrambe le formazioni.

3

Italia '90 fuori dal campo: i colori e le emozioni di un Paese impazzito

Franco Baresi:

L'entusiasmo popolare era travolgente. Anche se sentivamo la pressione per il fatto di essere i rappresentanti della nazione ospitante – e dunque eravamo obbligati a fare bella figura – noi avevamo la chiara sensazione di poter dare una grande gioia ai tifosi.

Ricordo che, per isolarci, avevamo scelto come sede del ritiro una località lontana dalla città – di cui adesso non ricordo il nome (*Marino*, N.d.A.) – dove regnava una pace assoluta. Ma quando partivamo con il pullman alla volta di Roma, a mano a mano che ci avvicinavamo alla capitale il serpentone di tifosi che ci salutavano per strada diventava sempre più imponente.

Quando poi arrivavamo allo stadio, trovavamo un'atmosfera incredibile: l'Olimpico era come una pentola a pressione pronta a scoppiare. Tra l'altro ci raccontavano che durante le partite della nazionale nelle città italiane non volava una mosca, c'era un silenzio tombale in giro: tutti erano incollati al televisore.

Le bandiere tricolori troneggiavano su tutti i balconi, e ogni volta che vincevamo pensavamo che mancava una partita in meno sulla strada del trionfo. È per quello che la delusione è stata forte dopo la sconfitta in semifinale.

Poi abbiamo chiuso in bellezza disputando un'ottima partita contro l'Inghilterra e conquistando il terzo posto, ma il rammarico è rimasto.

Nando De Napoli:

Prima di tutto mi ricordo il fantastico ritiro di Marino. E non posso dimenticare il team manager, che era un certo Gigi Riva: un vero signore, persona d'altri tempi.

In ritiro avevamo un albergo tutto per noi. Ognuno aveva la sua camera, con il suo televisore e il videoregistratore a disposizione, se volevi vedere delle partite… Non film porno, eh, solo partite! (*Ride*, N.d.A.)

L'atmosfera era bellissima e rilassata. Ci trattavano come dei pascià. Non ci facevano mancare nulla. Mi ricordo poi la visita dell'avvocato Agnelli e di un giovanissimo Luca Cordero di Montezemolo, che vennero a trovarci durante un allenamento.

Insomma, si respirava aria di vittoria. Pur con la nostra sobrietà e semplicità. Sapevamo di essere tra i candidati più autorevoli al successo finale. Anche il gruppo mi piaceva molto, sembrava tutto perfetto. Eh, che peccato… (*Sospira*, N.d.A.)

E poi l'entusiasmo e l'affetto della gente. Quello lo porto ancora nel cuore. Quando giocavamo all'Olimpico di Roma succedeva che anche due o tre ore dopo la fine della partita, oltre la mezzanotte – ci dovevamo trattenere in zona mista per le interviste – uscendo dallo stadio trovavamo gente che ci festeggiava.

Un calore veramente impareggiabile. Quello che non abbiamo trovato a Napoli. Io poi ho vissuto quella situazione spiacevole in modo più intenso rispetto ad altri Azzurri proprio perché giocavo nel Napoli e abitavo in città. E non mi sarei mai aspettato un simile atteggiamento da parte dei napoletani.

Quando siamo arrivati al San Paolo, il giorno della semifinale, un'intera curva, la famosa B, era argentina. Abbiamo giocato per metà in casa e per metà in trasferta.

Aldo Serena:

Il mondo parlava di questa manifestazione da tempo. Tutti i giornali, a mano a mano che si avvicinava l'8 giugno, dedicavano pagine e pagine all'evento sportivo più atteso dell'anno.

Noi respiravamo un'atmosfera di grande festa collettiva e nazionale: eravamo proprio permeati da questo clima di euforia che aveva riunito tutta l'Italia. Devo dire che la federazione, in questo senso, era stata molto brava a non caricare eccessivamente l'ambiente, restituendo al Mondiale il suo valore di evento aggregante e gioioso.

Come calciatori noi sentivamo il sostegno dei tifosi italiani ed eravamo emotivamente molto coinvolti, pur se blindati nell'isolamento dei ritiri di Coverciano e di Marino. Questo isolamento si rompeva quando ci allenavamo quotidianamente sul campo di Marino, dove venivano a salutarci e a osannarci tante, tantissime persone.

Giuseppe Bergomi:

Ecco, il Mondiale è una di quelle cose che ci fanno diventare veramente nazionalisti: tutti in Italia impazziscono, anche le donne tifano azzurro con grande trasporto.

Normalmente, ammettiamolo, l'italiano non è che abbia un grande spirito nazionalista. Io lo noto soprattutto adesso che vado a fare le telecronache in giro per l'Europa: quando la Francia gioca una qualsiasi partita a Saint-Denis, anche un'amichevole contro un avversario poco stimolante, lo stadio si riempie fino all'inverosimile. In Italia facciamo fatica a trovare questa identità, questo senso di appartenenza... che invece, in occasione di Italia '90, magicamente ci ha uniti e ha risvegliato il nostro spirito patriottico.

L'entusiasmo con il quale il popolo italiano ha vissuto il mese dei Mondiali è stato travolgente. Ricordo il mare di bandiere tricolori che sventolavano all'Olimpico prima di ogni partita e le piazze italiane stracolme di tifosi festanti.

Io sono legatissimo a quel periodo e a quella nazionale, perché mi trovavo all'apice della mia carriera e vivevo i miei anni migliori. E poi, ripensando a quello squadrone, mi vengono i brividi: che difesa che avevamo!

Emotivamente, il nostro gruppo ha vissuto il Mondiale con un po' di inevitabile ansia – c'era sempre quel sottile timore, che poi era senso di responsabilità, prima di scendere in campo – ma tutto sommato con il giusto equilibrio e anche con una certa serenità. L'ansia da prestazione non diventava insopportabile, non ti paralizzava le gambe... e questo perché sentivamo che dietro di noi c'era una nazione intera che ci spingeva e ci voleva veramente bene. Per cui non sprecavamo troppe energie nervose fuori dal campo: quando l'arbitro fischiava l'inizio, eravamo sempre carichi al cento per cento.

Io, comunque, dico sempre una cosa: ogni calciatore dovrebbe poter provare, almeno una volta nella vita, l'emozione di vestire la maglia azzurra. Quelle sensazioni, quei brividi non te li dà nessun'altra maglia. Poi per me l'azzurro ha significato qualcosa di molto particolare sul piano personale, perché avevo perso mio padre quando ero molto giovane, a sedici anni: ero andato a Lipsia a disputare delle gare con la nazionale juniores, ma ero stato costretto a rientrare subito in Italia perché mi avevano detto che lui era morto. E il destino ha voluto che, due anni dopo, esordissi con la nazionale maggiore proprio a Lipsia. Per cui ogni volta che scendevo in campo con la maglia azzurra, ogni volta che sentivo l'inno il pensiero correva a lui, a mio padre. E il mio legame con la nazionale diventava sempre più viscerale.

Nicola Berti:

Era una festa. Una festa infinita. «*Notti magicheee…*» (*canta*, N.d.A.) Le carovane di tifosi che ci portavano in trionfo a Roma, dove abbiamo sempre vinto e giocato benissimo, hanno tuttora un posto speciale nel mio cuore.

Credo che un calciatore, e più in generale un atleta, non possa desiderare nulla di più.

Poi quel Mondiale in particolare ha risvegliato in Italia un senso di appartenenza straordinario. I Campionati del Mondo fungono un po' da aggregatori sociali, nel senso che la gente si riunisce per vedere le partite e, di fatto, attua dei veri e propri riti. Nel nostro Paese questo accade ogni volta che c'è una manifestazione calcistica importante, perché da noi il calcio è questione di fede. Forse è la cosa più importante che ci sia dopo la Chiesa.

Quando ci sono i Mondiali, e questo l'ho potuto constatare anche seguendoli dall'esterno dopo le mie partecipazioni come giocatore, perfino chi non sa neppure come è fatto un campo di calcio si riscopre appassionato tifoso dell'Italia.

Il coinvolgimento popolare generato da questo torneo è unico, perché unico è il suo fascino.

Pietro Vierchowod:

Che ricordi! L'incredibile colonna sonora di Nannini e Bennato, e il sostegno di un'intera nazione che noi sentivamo forte e trascinante nel nostro ritiro. L'Italia si era innamorata di quella squadra giovane e talentuosa, che aveva portato dalla sua parte i tifosi soprattutto grazie a un girone eliminatorio con Austria, Stati Uniti e Cecoslovacchia più che convincente. Vincendo tutte le partite senza problemi avevamo accresciuto le aspettative e alimentato le speranze della gente, che sognava di sollevare la Coppa del Mondo.

Attorno a quella nazionale c'era la chiara sensazione che l'impresa sarebbe potuta riuscire. Alla fine si può dire che l'Italia espresse un buon calcio e recitò un ruolo da protagonista, disputando un buon Mondiale. Mancò l'acuto decisivo.

Mi piace ricordare che la gente seguendo le nostre gesta aveva dimenticato, per un mese, i suoi problemi. Ovunque andavamo trovavamo un affetto e un entusiasmo quasi commoventi. Anche a Napoli, nonostante le dichiarazioni di Maradona, quando arrivammo con il pullman c'erano ali di folla impazzita.

È stato bellissimo, in quel periodo di buon gioco e di vittorie, aiutare gli italiani a non pensare agli affanni quotidiani e regalare loro un sogno meraviglioso.

Salvatore Schillaci:

Rivivrei ogni istante di quei momenti magici. Ricordo in particolare che quando ci spostavamo in autobus dal ritiro di Marino allo stadio ascoltavamo le canzoni di Venditti, per esempio *Bomba o non bomba*. Io, che ero abituato a sedermi sul lato del finestrino, fuori dal pullman vedevo un oceano di bandiere tricolori che ci circondavano. Non solo: mi emozionavo ancora di più quando notavo che qualche tifoso indossava la maglia azzurra numero 19, la mia!

Era un'esplosione di colori e una sinfonia di canti... tutti dedicati a noi, che dovevamo tenere alto il nome dell'Italia sul campo. Io credo che chi non ha mai provato in vita sua qualcosa del genere dovrebbe prima o poi poter vivere un'emozione come quella: è il top, il massimo a cui può ambire qualsiasi sportivo.

Luigi De Agostini:

Anch'io mi unisco al coro: emozioni indimenticabili. Il ricordo più bello che ho è certamente quello dello stadio Olimpico vestito con le bandiere tricolori: uno spettacolo da pelle d'oca.

Devo dire che un altro ricordo molto vivo, però, è anche l'enorme senso di responsabilità che sentivo e che sentivamo tutti. In quel Mondiale non si poteva fallire, eravamo condannati a vincere a tutti i costi esprimendo pure un buon calcio.

Ci sono state, nella storia azzurra, delle nazionali che hanno onorato o addirittura vinto un Mondiale senza impressionare nelle prime partite, a volte perdendo o pareggiando. Per noi questo discorso non poteva valere: dovevamo vincere e convincere sempre, fin dalla gara d'esordio.

Giuseppe Giannini:

Avevamo tutta l'Italia al nostro fianco.

Non dimenticherò mai che la triste notte della semifinale con l'Argentina tornammo in pullman da Napoli all'hotel del ritiro, a Marino, con la morte nel cuore. Però, nonostante l'amarezza per la sconfitta ai rigori, i tifosi ci regalarono una splendida sorpresa, ancor più bella perché inaspettata: attorno all'albergo trovammo ad attenderci a tarda notte una folla oceanica. Almeno diecimila persone che, agitando le bandiere tricolori e strombazzando con i clacson, resero tributo al talento e alla forza di quella grande, sfortunata squadra.

Riccardo Ferri:

Intorno a noi c'era il delirio. Agli allenamenti che facevamo a Marino assistevano regolarmente almeno cinquemila persone. Merito anche della federazione e dello staff tecnico, che ci avevano messo nelle condizioni di vivere i trenta giorni del

Mondiale abbracciati dall'affetto dai tifosi e avvolti nel clima ovattato del ritiro di Marino.

Anche nel nostro gruppo si respirava un'atmosfera di grande complicità e ottimismo. Ricordo con simpatia un aneddoto legato a Schillaci: ci avevano dato le videocassette di svariati film da vedere per ingannare il tempo nelle lunghe serate che trascorrevamo in ritiro. Era dura far passare le ore quando non dovevamo scendere in campo... Be', Totò fin dai primi giorni aveva iniziato a guardare questo film molto vintage, di Don Camillo e Peppone, che gli portava incredibilmente bene, perché ogni volta che lo vedeva poi faceva gol.

Così Don Camillo e Peppone diventò un rito propiziatorio: Schillaci continuò a guardarlo ancora e ancora, alla vigilia di ogni partita. E il film continuò a portargli fortuna. Alla fine aveva imparato tutti i dialoghi a memoria.

Per il resto ci facevamo dei piccoli scherzi tra di noi, cercando di sdrammatizzare la tensione che inevitabilmente c'era. Una cosa che vale la pena di ricordare è che ci furono dati in dotazione dei cellulari: erano gli anni in cui i telefoni mobili stavano iniziando a circolare, seppure in maniera molto limitata. Quelli che avevano dato a noi, degli StarTac, funzionavano soltanto nelle città in cui si disputava il Mondiale: da Roma a Milano, da Cagliari a Napoli.

In realtà ben poche persone – un numero ristrettissimo di eletti – li avevano al di fuori di noi giocatori, quindi alla fine continuavamo a chiamarci ripetutamente tra di noi in ritiro da camera a camera: ognuno conosceva a memoria tutti i numeri degli altri. Ci facevamo scherzi di ogni tipo: praticamente si può dire che gli scherzi al cellulare li abbiamo sdoganati noi a Marino. A volte erano proprio stupidate infantili, come far squillare il telefonino a un compagno che era lì di fianco...

Eppure anche tutto questo ha contribuito a cementare quel gruppo, che aveva proprio nella coesione e nella compattezza assoluta il suo principale punto di forza.

Roberto Donadoni:

Vivevamo la nostra avventura mondiale con un fortissimo senso di responsabilità. Tenevamo tutti, dal primo all'ultimo, allenatore compreso, ad arrivare in fondo e a regalare una gioia al popolo italiano.

Purtroppo questo non è successo, anche per fatalità, e devo dire che il dispiacere più grosso è stato proprio quello di non essere riusciti a ripagare la gente dell'affetto incondizionato che ci aveva dimostrato. Però eravamo in pace con noi stessi: ce l'avevamo messa tutta.

La vicinanza con i tifosi, per sentire tutto il loro sostegno, era esplicitamente richiesta e cercata: per questo alcuni dei nostri allenamenti a Marino erano aperti al pubblico. Sapevamo bene che, dopo una stagione lunga e logorante come era quella appena vissuta nel campionato italiano, il supporto della nostra gente avrebbe potuto fare la differenza, trascinandoci alla vittoria.

4

L'album della memoria: istantanee da Italia '90 tra sorrisi e nostalgia

Franco Baresi:

Non posso dimenticare l'esordio di Schillaci, che entrò contro l'Austria e fece subito gol.

Mi è rimasto particolarmente impresso anche il suo gol contro l'Uruguay, negli ottavi, con quegli occhi spiritati e quell'esultanza sfrenata. E poi mi piace citare il giovanissimo Roberto Baggio, che ci ha dato veramente un grande apporto in termini di qualità e fantasia. È stato il valore aggiunto di quella nazionale.

A proposito di Roby, pensando alla semifinale con l'Argentina mi viene da fare una riflessione sulle scelte di Vicini, che non so quanto fece bene a riproporre Vialli, dopo averlo lasciato fuori nelle precedenti partite, quando in attacco ormai si giocava con il tandem Baggio-Schillaci.

Forse il ct volle rimettere in gioco Gianluca anche per una questione di riconoscenza nei suoi confronti, facendo entrare Baggio solo a metà del secondo tempo. Forse, sto solo ipotizzando. Sta di fatto che ancora oggi in tanti si chiedono come mai Baggio – che attraversava un periodo di forma eccezionale – non fosse stato schierato dall'inizio. Come mai Vicini avesse voluto cambiare in corsa l'assetto della squadra.

A ogni modo, ora niente può più cambiare quel che è stato. Resta la consapevolezza, a placare parzialmente il rimpianto, che quell'Italia ha lasciato un bellissimo ricordo a tutti gli appassionati che l'hanno ammirata e amata. La delusione è stata grande, perché gli italiani si erano fatti la bocca alla finale, ma della nazionale di Vicini è rimasta una splendida immagine che, nel tempo, non sarà mai offuscata.

Nando De Napoli:

Il primo ricordo che mi viene in mente è quello di Gigi Riva, il nostro team manager, con il quale avevo un bellissimo rapporto. Una persona perbene, una figura che io avevo sempre visto come un professionista serio e inappuntabile in campo, con la maglia del Cagliari; un uomo che incuteva anche un certo timore reverenziale, quando dovevi parlargli. Ma mi ha preso subito in simpatia, e incontrarlo per me è stata un'emozione forte: era paterno, composto, non era invidioso di nessuno. Pensava solo a darti consigli e a rassicurarti: «Nando, non ti preoccupare, stai sereno». E io quella sua pacatezza e bontà non l'ho mai dimenticata.

Come non mi dimenticherò mai di Gaetano Scirea, che al Mondiale dell'86 in Messico nell'albergo del ritiro, dopo cena, passeggiava con me e mi parlava con grande semplicità, dimostrando la sua umiltà e saggezza. Io ero giovanissimo: lui non mi dava mai consigli, ma le cose me le faceva capire. Era un uomo equilibrato, che trasmetteva serenità e non andava mai fuori strada. Un leader silenzioso. Esattamente come Gigi Riva.

Aldo Serena:

I miei ricordi di Italia '90 sono agrodolci. Nonostante la meravigliosa atmosfera che si respirava nel nostro Paese io ho ancora una ferita aperta, che non si è mai rimarginata: essermi fatto parare il rigore con l'Argentina. Il dispiacere mi è rimasto appiccicato addosso per dei mesi, ed è stato molto difficile scacciarlo. Ho fatto fatica a riprendermi da quello shock, uno dei momenti più tristi della mia carriera.

Tra l'altro, in occasione del cinquantesimo compleanno di Goycochea, una tv argentina alla quale collabora l'ex portiere (*ora diventato giornalista sportivo*, N.d.A.) ha voluto fargli una sorpresa, mettendosi in contatto telefonico con me. Be', io gli ho fatto con piacere gli auguri di compleanno ricordandogli che, tutto sommato, parte della sua fama e della sua popolarità la deve anche a me e a Roberto Donadoni. In fondo è stato grazie ai nostri errori dal dischetto, oltre che a quello che ha saputo fare in patria nel resto della sua carriera, che è diventato un idolo in Argentina.

Per quanto riguarda un aneddoto legato al gruppo, ricordo con un sorriso il mio rapporto con Nicola Berti, con il quale ero in camera in ritiro. All'epoca eravamo due grandi amici, sia in nazionale che all'Inter: praticamente due fratelli. Ci stimavamo e ci volevamo molto bene. Lui era più garibaldino, io un po' più frenato. Ogni tanto la sera ci mettevamo sulla terrazza a rilassarci e lui aveva i sigari, gli Avana: alla fine, dopo una lunga opera di persuasione, ha convinto anche me, che non fumavo e non avevo mai fumato, a mettermi in bocca questi sigaroni davanti a un bel tramonto, dopo un allenamento faticoso.

Giuseppe Bergomi:

Anch'io ricordo Nicola Berti che fumava i sigari in camera nel ritiro di Marino. Me lo ricordo per forza, perché avevo il balconcino di fianco al suo e mi entrava tutto il fumo in stanza! Mi toccava chiudere la finestra! «Nick, dai, piantala...» gli dicevo sempre. Anche perché lui fumava a orari improponibili.

A parte questo, ho un ricordo molto vivido. Prima di ogni partita, negli attimi che precedevano l'ingresso in campo facevamo un rito propiziatorio – che poi era una sorta di giuramento – tutti insieme negli spogliatoi. Essendo il capitano io mi piegavo per permettere a tutti gli altri di mettermi le mani sopra la schiena; in questa posizione recitavamo all'unisono: «Chi si ritira dalla lotta è un gran figlio di mignotta!». E poi via, si andava in campo.

Questi ricordi, che mi porto nel cuore, non fanno altro che accrescere il rimpianto e il rammarico per quello che sarebbe potuto succedere e non è successo. Io personalmente ho disputato quattro Campionati del Mondo, ma le Notti Magiche hanno lasciato in me un segno indelebile: nell'82 si è vinto, nell'86 in Messico abbiamo fatto un Mondiale così così e ci stava, ma quello del '90... (*sospira*, N.d.A.) quello del '90 era il nostro Mondiale. Ed è volato via.

Evidentemente il destino ha voluto così.

Nicola Berti:

Non posso che evocare l'arrivo al ritiro di Marino di Sophia Loren. Indimenticabile.

Venne al campo di allenamento per incontrarci: interrompemmo immediatamente la seduta. Tra l'altro ricordo che all'epoca la Loren era ancora… al top della forma. (*Sorride*, N.d.A.)

C'era lei e tutti intorno c'eravamo noi calciatori – la rosa al completo – in mezzo al campo. Cosa ci aveva detto? Chi se ne frega di quello che ci aveva detto! E chi se lo ricorda? (*Ride di gusto*, N.d.A.)

Un altro aneddoto che mi viene in mente è quello legato ai primi cellulari, dei Motorola, che avevamo in dotazione. Erano degli autentici mattoni che si aprivano.

Dopo i Mondiali eravamo stati ricevuti al Quirinale: c'era tutta la squadra. Io ero convinto di aver spento il mio telefonino, ma a un certo punto, nel silenzio tombale della sala, iniziò a squillare fortissimo. Tutti si girarono verso di me, proprio mentre stava parlando – lentamente, molto lentamente – il presidente della Repubblica, Francesco Cossiga. Io subito mi misi a guardare un compagno, come a suggerire che il cellulare che squillava fosse il suo. Che imbarazzo…

Pietro Vierchowod:

Be', uno dei principali ricordi che mi porto appresso da quel Mondiale è legato al continuo pressing a cui Giampiero Boniperti, il capo delegazione, sottoponeva il sottoscritto.

C'era stato infatti un accordo tra Sampdoria e Juventus, che prevedeva il mio passaggio dai blucerchiati ai bianconeri. Peccato che io non fossi affatto convinto.

È divertente il siparietto che sta dietro a tutta la faccenda. Il presidente della Samp, Mantovani, mi aveva chiamato per comunicarmi che mi aveva venduto alla Juve. Ma, praticamente, confidava nel fatto che io rifiutassi il trasferimento: «Io ho detto di sì, ma tu devi dire di no» mi diceva. (*Ride*, N.d.A.)

In compenso, Boniperti tutti i giorni nel ritiro della nazionale mi ripeteva: «Allora, Pietro, vieni da noi? Quand'è che firmi?». In più mi capitò di ritrovarmi, proprio durante il Mondiale, faccia a faccia con Luca Cordero di Montezemolo. Dopo il girone eliminatorio mi fu concesso un permesso di tre giorni, che sfruttai per andare a Capri. Lì incontrai Montezemolo: andammo a cena insieme e lui, al ristorante, aveva già fatto preparare lo champagne per festeggiare il mio passaggio alla Juventus. Io, un po' imbarazzato, raffreddai il suo entusiasmo e gli dissi: «Per favore, mi ci faccia pensare ancora un po'».

La verità è che a me l'idea di andare alla Juve piaceva molto: sono sempre stato juventino, del resto. Però alla Sampdoria avevamo sottoscritto un patto di ferro: fino a che non avessimo vinto qualcosa di importante, il gruppo storico – del quale faceva parte anche Gianluca Vialli – non si sarebbe sciolto. Così alla fine rimasi a Genova e proprio l'anno dopo, il '90-91, vincemmo un fantastico scudetto. Non solo: nella stagione ancora successiva arrivai a sfiorare la vittoria della Coppa dei Campioni, perdendo in finale contro il Barcellona.

Il trasferimento alla Juve arrivò più tardi. E a Torino riuscii a vincere quella Champions League che mi era sfuggita con la Samp, nella finale di Roma del '96 contro l'Ajax.

Salvatore Schillaci:

Non posso dimenticare il grandissimo orgoglio che provavo nel vestire la maglia azzurra. Anche, anzi soprattutto, in quanto siciliano: la nostra isola non è che abbia mai sfornato tanti talenti calcistici in grado di rappresentare il Paese in grandi manifestazioni internazionali.

Io mi sentivo spinto e trascinato proprio dalla mia Sicilia. Un ricordo che conservo dentro di me è legato all'entusiasmo popolare che si scatenava a Palermo, mia città natale, dopo ogni vittoria dell'Italia condita da un mio gol. Più di ventimila tifosi prendevano d'assalto la casa di mio padre alla fine della partita, circondandola per festeggiarmi. Lui mi raccontava che se si affacciava al suo balconcino di tre metri per tre vedeva un tappeto umano di fan in visibilio.

Si sa che, in qualsiasi città, quando l'Italia vince si va in centro a strombazzare e a fare casino. Be', a Palermo il centro si spostava a casa di mio padre!

Questa cosa mi emozionava tantissimo. La mia stessa famiglia ben difficilmente avrebbe creduto che sarei arrivato a tanto, nella mia carriera di calciatore. D'altra parte, con il senno di poi si potrebbe dire che fin dalla nascita fossi un predestinato. Io sono nato a Palermo in via della Sfera, e già questa è una bella coincidenza... al numero 19!

Italia '90, che mi ha visto protagonista proprio con il 19 sulle spalle, mi ha dato tutto. Sono entrato in punta di piedi, sono uscito come un eroe. E dire che nell'82, quando diventammo campioni del mondo in Spagna e io avevo diciassette anni, esultando come un pazzo assieme agli amici sul tetto di un autobus, pensavo tra me e me che un giorno mi sarebbe piaciuto vedere dal vivo una partita della nazionale. Vedere, non giocare: quello non osavo neppure sognarlo. Guarda poi cos'è successo appena otto anni più tardi!

Oggi grazie a quell'exploit io giro il mondo, perché tutti si ricordano del mio Mondiale, e riscontro ovunque un grandissimo affetto. Lavoro per la televisione, per la Juventus, per l'Associazione Calciatori; spesso mi chiamano dal Giappone, dove mi conoscono bene perché in terra nipponica ho giocato per quattro stagioni (*dal 1994 al 1997 nel Júbilo Iwata*, N.d.A.), per presenziare a eventi e manifestazioni. Insomma, avendo scelto di non fare l'allenatore faccio il testimonial in occasione di iniziative di vario tipo.

Tutto questo mi diverte, ma soprattutto mi arricchisce moltissimo, perché mi dà l'occasione di entrare in contatto con culture diverse. È un'esperienza straordinaria che, per forza di cose, non puoi fare quando giochi a calcio. Ognuno di noi professionisti ha donato la parte migliore della sua vita al calcio: dai diciotto ai trentacinque anni, ovvero quando vorresti scoprire, vedere, conoscere, divertirti. E invece sei confinato negli alberghi o costretto a sorbirti la noia degli infiniti ritiri. In poche parole, finché sei in attività devi fare una vita da calciatore, rigorosa e quadrata, scandita da regole da rispettare scrupolosamente.

Mi sono riscoperto viaggiatore e cittadino del mondo dopo aver appeso le scarpette al chiodo.

A livello calcistico, Italia '90 mi ha consentito di ottenere prestigiosi riconoscimenti. Ho vinto la Scarpa d'oro Adidas, sono stato eletto miglior giocatore del Mondiale e sono arrivato secondo al Pallone d'Oro, alle spalle di Lothar Matthäus.

Riguardo agli episodi legati al periodo mondiale che mi sono rimasti impressi, mi torna alla mente una scenetta curiosa risalente a un ritiro azzurro che, se non erro, precedette quello di Marino. Io ero in stanza con Roberto Baggio, e mi ero disteso sul letto per riposarmi. A un certo punto cominciai a sentire degli strani lamenti provenienti dal bagno. Non capivo cosa fossero.

Era Roberto, già all'epoca buddhista, che pregava con grande concentrazione.

Tra di noi c'era un clima goliardico: si scherzava, ci si sfotteva con grande ironia e divertimento.

Luigi De Agostini:

Il mio ricordo più bello è l'atmosfera che regnava nel gruppo della nazionale. Stavamo benissimo insieme, lo spogliatoio era compatto, granitico e remavamo tutti in un'unica direzione.

Una curiosità che mi viene ora alla mente è invece legata a uno strano clima di contestazione che ci aveva costretti a spostarci in anticipo da Coverciano, e che stonava un po' con l'entusiasmo che in quel periodo attraversava tutto il Paese. A cavallo della preparazione del Mondiale noi della Juventus avevamo giocato, vincendola, la finale di Coppa Uefa contro la Fiorentina… e questo i tifosi viola non ce l'avevano perdonato. Senza dimenticare che Roberto Baggio era appena passato dalla Fiorentina proprio alla Juve, causando una sollevazione popolare in Toscana.

Insomma, dalle parti di Firenze la nazionale non andava tanto a genio. C'era molta più tranquillità a Marino, dove tra l'altro eravamo blindati e completamente isolati. Ricevevamo solo, ogni tanto, le visite dei familiari, che comunque non erano frequenti.

Giuseppe Giannini:

Mi viene in mente un aneddoto che raramente mi è capitato di raccontare. Dopo la partita dell'Olimpico contro gli Stati Uniti, nella quale segnai il gol decisivo, fui estratto per l'antidoping. Peccato però che non riuscivo in alcun modo a fare la pipì: rimasi all'interno dello stadio fino alle 3 di notte!

Ricordo che, per provocare lo stimolo, camminai a lungo scalzo sul prato verde… ma per diverse ore non ci fu nulla da fare.

I miei compagni naturalmente erano tornati a Marino subito dopo la partita, attorno alle 23; quando li raggiunsi si era quasi fatta l'alba.

Un ricordo legato alla vita in ritiro? Be', come dimenticare le levatacce di Francesco Rocca, il nostro preparatore atletico? Lui era così in forma e così allenato che tutti i giorni alle 6 del mattino si alzava per andare a fare dei lunghi giri in bicicletta. Poi tornava in ritiro, si faceva la doccia, faceva colazione e in mezz'ora era pronto per sostenere anche due sedute di duro allenamento con noi.

Un'altra cosa che mi è rimasta impressa di quel gruppo è il fatto che, per quanto ci fosse molto cameratismo tra di noi, si ridesse, si scherzasse e si giocasse spesso a carte, eravamo in grado di capire da soli quando arrivava il momento di tornare nelle nostre stanze e andare a riposare. Questo non è molto comune nei ritiri delle squadre di calcio: spesso devi avere l'imbeccata del dirigente o dell'allenatore, il quale a un certo punto ti ricorda che è ora di mettere da parte giochi e divertimenti e di andare a letto.

Noi tutti i giorni attorno alle 22.30-23 eravamo già in camera, senza bisogno che nessuno dovesse sollecitarci o farci la predica. Questo perché sentivamo il peso della responsabilità e soprattutto avvertivamo l'importanza della competizione che stavamo disputando, che era il massimo – a livello sportivo e personale – per ognuno di noi.

Riccardo Ferri:

La prima istantanea che mi viene in mente è un ricordo slegato dal Mondiale in sé e per sé. In quel periodo, durante i quasi due mesi di ritiro, mi era mancato moltissimo mio figlio, Marco, che all'epoca aveva solo due anni. Quando poi sono tornato dal Mondiale praticamente non mi riconosceva più! Mi è proprio rimasta negli occhi quell'immagine del mio ritorno a casa dopo la finalina per il terzo posto con l'Inghilterra, la porta che mi si apre davanti e mio figlio che mi guarda come a dire: «Chi è questo qua?». Ormai si era disabituato a vedermi, aveva fatto in tempo a dimenticarmi...

Poi ho da raccontare una cosa molto particolare, che letta alla luce delle dinamiche del calcio attuale appare davvero da fantascienza. Un mio carissimo amico di allora e anche di oggi, che si chiama Attilio, veniva regolarmente a vedere le nostre partite. Si faceva ogni volta centinaia di chilometri per scendere a Roma da Lodi, dove abitava, e una volta finita la partita tornava a casa sua in Lombardia.

Quando veniva allo stadio si faceva accompagnare da altre persone. Venne in comitiva anche al San Paolo, dove perdemmo con l'Argentina. Quando arrivò il giorno della finalina per il terzo posto, che giocammo a Bari, non si perse d'animo. Tutti i suoi amici e compagni di viaggio rimasero a casa, perché non attribuivano alcuna importanza a quella partita. E lui invece cosa fece? Prese la macchina, da solo attraversò l'Italia e si presentò stoicamente a Bari per Italia-Inghilterra!

Sentendomi in debito con lui, quando giunse in Puglia lo invitai in ritiro e lo feci venire in camera mia, in modo che potesse riposarsi sul mio letto. È una cosa pazzesca, se si pensa a come funziona adesso: oggi non sarebbe assolutamente possibile introdurre un estraneo nell'albergo di un ritiro, il luogo più riservato e ovattato del mondo!

E ancora oggi, ogni volta che ci vediamo, Attilio rievoca quell'aneddoto, dicendomi: «Ma ci pensi? Io sono stato con voi nel ritiro barese della nazionale al Mondiale, ho dormito sul tuo letto, è una cosa incredibile!». E ogni volta io gli ricordo che la cosa straordinaria, in realtà, era il fatto che lui avesse macinato tutti quei chilometri in auto per venire a vederci a Bari.

Quando ripenso a quell'impresa di Attilio la vedo come il gesto di una persona generosa e sensibile che non volle far mancare a me e a tutta la squadra la sua vicinanza, pur in condizioni proibitive.

Roberto Donadoni:

Un episodio mi è rimasto stampato nella mente. Un giorno venne a trovarci l'avvocato Gianni Agnelli, che atterrò con Boniperti e ci incontrò tutti al campo di allenamento. Ci salutò a uno a uno, e quando arrivò a me fece un commento sul fatto che avrei potuto essere un giocatore da Juventus, rammaricandosi per il mio mancato acquisto da parte della dirigenza bianconera.

Ricordo benissimo che, rivolgendosi a Boniperti, gli disse: «Tu devi spiegarmi come mai Donadoni è andato al Milan e non è venuto alla Juve!».

5

LA TESTIMONIANZA

Bruno Pizzul, la voce del Mondiale

La voce di Italia '90, che per un mese risuonò da tutti i televisori del Belpaese, fu quella di Bruno Pizzul.

Cantore delle gesta della nazionale italiana dai Mondiali di Messico '86 a quelli di Giappone-Corea 2002, dalla parlata aulica e dal rigoroso puntiglio analitico, il celebre telecronista della Rai è divenuto con il passare degli anni una vera icona del giornalismo sportivo.

Il suo timbro di voce inconfondibile e il suo eloquio colto e raffinato gli hanno fatto guadagnare la stima e l'affetto di milioni di telespettatori, tanto che ancora oggi c'è chi invoca un suo ritorno come commentatore delle partite degli Azzurri.

Pizzul aveva creato un'alchimia vincente con il pubblico grazie ai suoi toni garbati e posati ma, al contempo, vibranti e appassionati, che stabilivano un legame quasi familiare tra cronista e telespettatori.

Oggi Bruno ha ottant'anni tondi, e si gode una meritatissima pensione. Ma ricorda ancora con piacere l'avventura delle Notti Magiche. La sua preziosa testimonianza, dispensata in quasi un'ora di vivace e stimolante chiacchierata, svela alcuni gustosi retroscena e mette in luce degli aspetti inediti o poco approfonditi di quel Mondiale.

Bruno, iniziamo proprio dalla squadra con la quale ci presentammo a Italia '90. Lei, che di nazionali azzurre ne ha viste e commentate tante, che ricordo ha di quella formazione? Era davvero così competitiva come solitamente la si dipinge?

Era una nazionale di buona caratura tecnica, che si distingueva soprattutto per la sua capacità di fare gruppo. Vicini era riuscito a creare un ottimo rapporto con tutti i giocatori, molti dei quali lui conosceva bene avendoli allenati già ai tempi dell'Under 21.

Ora, non credo sinceramente che quella fosse l'Italia migliore di sempre, né saprei dire dove si collochi in un'ipotetica graduatoria all-time (che peraltro non amo azzardare). Posso però dire che quella squadra, specie se rapportata al valore delle altre nazionali che disputarono il Mondiale, doveva senz'altro vincere la competizione. Non solo per il fattore campo, che pure conta moltissimo in manifestazioni di breve durata, ma proprio per le sue qualità tecniche e tattiche.

È stato solo un banale errore, peraltro non indicativo della debolezza di un intero reparto ma proprio uno svarione estemporaneo, un equivoco tra Ferri, Zenga e gli altri difensori, a compromettere la semifinale. Per il resto, quell'Italia era formazione solida ed equilibrata. Va detto che il calcio di allora era maggiormente incentrato sulla specializzazione del ruolo, mentre nel calcio di oggi regna sovrana l'interscambiabilità: gli allenatori, nel costruire le squadre, ragionano in un'ottica di superamento dei tradizionali ruoli e presuppongono l'adattamento a più funzioni dei vari giocatori. Tenendo presente che invece nel 1990 ogni calciatore aveva delle caratteristiche precise che ne determinavano il ruolo specifico, possiamo affermare che la nazionale di Vicini era bene assortita e organizzata. Con delle sorprese che esplosero proprio a Italia '90: penso naturalmente a Schillaci, la cui convocazione in molti avevano osteggiato prima dei Mondiali.

A fare la differenza era anche il fatto che quella squadra aveva una filosofia di gioco mutuata dai comuni trascorsi di molti protagonisti nell'Under 21. Inoltre, Vicini conosceva perfettamente ogni singolo componente della rosa. E il ct si circondava di collaboratori, a partire dal bravo Sergio Brighenti, che lo avevano accompagnato nella precedente avventura nelle selezioni azzurre giovanili.

Tra l'altro, quella è stata l'ultima nazionale con i cui giocatori è stato possibile stabilire dei rapporti interpersonali di amicizia al di là dei rispettivi ruoli lavorativi. Solitamente non è che calciatori e giornalisti sportivi si amino: chi fa sport sopporta malvolentieri il fatto che i giornalisti dispensino giudizi e diano voti. Però con quel gruppo si poteva davvero stringere amicizia e arrivare a lanciarsi dei reciproci sfottò. Ricordo che nel periodo di preparazione al Mondiale facevamo le interviste di rito e poi ci si fermava – giornalisti e atleti – a giocare a carte o a biliardo. Ancora oggi, quando ci rivediamo, ci facciamo una partita a scopa o a briscola.

Un piccolo inciso, a questo proposito: una volta i calciatori erano tutti bravi a giocare a biliardo e a carte. Oggi queste abilità sono diventate una rarità, perché i ragazzi nei ritiri si rintanano nelle loro stanze a giocare ai videogiochi. I giochi di gruppo non vengono più praticati, e questo è un problema... soprattutto se si vuole creare quello spirito comunitario e quell'alchimia tanto invocata tra i componenti di una squadra.

Oggi, quando mi capita di andare nei ritiri magari a salutare qualche allenatore, noto che i giocatori stanno insieme fino a quando sono costretti a farlo, per esempio per mangiare. Poi però c'è la tendenza a isolarsi: ognuno torna in camera sua e gioca per conto proprio. Tutt'al più comunica con gli altri attraverso il cellulare, con messaggi brevi e rapidi.

Sta sparendo quel clima goliardico, di grande cameratismo che c'era un tempo nei ritiri. Adesso è tutto molto più... direi stressante.

Chiusa questa divagazione, torniamo al calcio giocato. Come dicevo, a giusta ragione eravamo considerati i favoriti, e tutto sommato quel Mondiale avremmo meritato di vincerlo: non perdemmo mai e, seppure con qualche piccola fatica, vincemmo le partite mettendo in mostra un gioco gradevole.

Di certo l'unica cosa che si doveva cercare di evitare, in fase di organizzazione del torneo, era proprio giocare una gara a eliminazione diretta a Napoli contro l'Argentina di Maradona. Si sapeva che il San Paolo avrebbe potuto essere una polveriera, trasformandosi in un'arma a doppio taglio. Tuttavia, nel momento in cui vennero stilati i calendari e venne comunicato il possibile cammino che sarebbe toccato alle squadre favorite, l'ipotesi di incontrare gli argentini a Napoli era estremamente remota.

Consideriamo poi che l'Argentina fu miracolosamente ripescata dopo un girone eliminatorio a dir poco deficitario: perse una partita, in un'altra ci furono degli episodi arbitrali dubbi... Insomma, proprio perché si qualificò così faticosamente classificandosi terza finì dalla parte del tabellone in cui c'era anche l'Italia.

È stato un vero peccato. Un dispiacere enorme. Io ho fatto diversi altri Mondiali ed Europei nei quali siamo andati vicini alla vittoria, e pure in quelle circostanze non è che sia stato contento nel raccontare di una sconfitta in finale. Però Italia '90 ha lasciato un rammarico profondo, perché c'era la netta sensazione che avremmo potuto e dovuto vincere.

Negli Stati Uniti, nel '94, tutto sommato eravamo arrivati in finale un po' per il rotto della cuffia, facendoci ripescare dopo un girone eliminatorio così così. E una sconfitta ai rigori con il Brasile ci poteva stare.

A Napoli invece la delusione fu cocente, tanto che anche i napoletani che all'inizio avevano simpatizzato – se non proprio parteggiato – per Maradona, alla fine della partita erano abbacchiati. E proprio rievocando la tristezza di quei momenti, che contagiava noi tutti, mi sento di raccontare un episodio particolare. Il nostro regista De Pasquale, che aveva installato delle telecamere sui tetti dello stadio San Paolo, dopo i calci di rigore fatali – a scopo direi quasi consolatorio – ci regalò una serie di inquadrature straordinarie sotto il profilo paesaggistico. C'era questo riflesso suggestivo della luna sul mare, la sagoma scura del Vesuvio, Castel dell'Ovo... era una serata davvero meravigliosa. E allora anch'io mi feci prendere da uno slancio lirico e dissi: «Va be', non faremo la finale, però questo spettacolo della natura che ci offre la nostra Napoli è qualcosa di incomparabile...».

Mai l'avessi fatto! Giù insulti e prese in giro. «Ma chi credi di essere, Leopardi?» mi rimproverò qualche tifoso arrabbiato. Insomma, la mia sortita poetica non fu presa bene. Il che serve a rendere l'idea del dispiacere che provocò quell'eliminazione.

Però poi il pubblico italiano esagerò nella finale di Roma, quando fischiò senza pietà l'inno argentino. Ricordo che in quell'occasione intervenni al microfono di José Maria Muñoz, lo storico radiocronista argentino, permettendomi di chiedere scusa a nome del popolo italiano: va bene la rivalità sportiva, ma accanirsi in quel modo sull'inno argentino non fu francamente molto bello.

Come viveste il Mondiale voi giornalisti? Quali erano le emozioni, le sensazioni? Cosa si diceva, dietro le quinte, circa le formazioni favorite o quelle che avrebbero potuto recitare un ruolo da protagoniste?

Inizialmente eravamo consapevoli del fatto che l'Italia avesse tutte le carte in regola per disputare un buon torneo. Poi, dopo le prime partite che non furono sempre esaltanti, con un rendimento abbastanza altalenante, crebbe in tutti noi la sensazione che il Mondiale si sarebbe potuto vincere. Tra l'altro, il clima di speranza veniva fortemente alimentato dall'ambiente che si era venuto a creare all'Olimpico di Roma, uno stadio davvero incredibile nel supportare gli Azzurri lungo tutto il cammino nella manifestazione.

Tuttavia, appena si seppe che si sarebbe giocato a Napoli contro l'Argentina subentrarono dei cattivi pensieri, e l'umore cambiò. Si generarono delle situazioni di nervosismo e di disagio. Qualcuno cominciò subito a lamentarsi, sottolineando che proprio noi italiani, considerati in giro per il mondo inguaribili maneggioni che aggiustano sempre le cose a loro favore, ci eravamo dati la zappa sui piedi.

In effetti in quasi tutte le altre edizioni dei Mondiali la squadra di casa ha sempre disputato le sue partite nello stesso impianto fino al turno conclusivo, e per nessun motivo sarebbe stata costretta a cambiare stadio… magari proprio in semifinale.

Se dovessimo scattare un'istantanea all'Italia come Paese organizzatore, quali sono i suoi ricordi? Che Italia si presentò al mondo nel 1990, da un punto di vista sportivo ma anche economico e sociale? Si disse che quel

Mondiale aveva avuto il potere di riunire un popolo tradizionalmente diviso come il nostro.

Era un'Italia che usciva da un periodo caratterizzato da un certo sciovinismo e da un notevole gusto per l'esibizione. C'era la famosa «Milano da bere», ma il concetto si può estendere a tutto il Paese: un Paese un po' festaiolo, nel quale tuttavia cominciavano ad affiorare i primi sintomi di difficoltà di carattere gestionale ed economico, che poi si sarebbero accentuati negli anni successivi.

Ma nel 1990 il clima era ancora sostanzialmente ottimista e positivo. Riscosse enorme successo, non a caso, la cerimonia di apertura che ebbe luogo allo stadio di San Siro, con uno spettacolare omaggio alle bellezze dell'Italia e alle nostre eccellenze, tra le quali per esempio la moda.

Per cui possiamo dire che l'Italia si presentò bene, anche perché poi dal punto di vista organizzativo facemmo un'ottima figura: filò tutto liscio. Con un'unica pecca atavica, che ricorre sempre quando si organizzano avvenimenti sportivi in Italia: qui purtroppo la gente non va a vedere le partite. Non c'è niente da fare. Io ho raccontato delle gare, per esempio a Udine o a Verona, alle quali hanno assistito al massimo qualche migliaio di spettatori.

Certo, se giocano Germania-Inghilterra o Brasile-Argentina gli stadi si riempiono, ma altrimenti, Mondiale o no, non gliene importa niente a nessuno. Questa è una cosa che avviene solo in Italia. Dalle altre parti i Campionati del Mondo richiamano eserciti di spettatori: risulta infatti regolarmente impossibile trovare i biglietti per le partite. Qui no: se giocano Uruguay e Corea del Sud la gente resta a casa e, al massimo, guarda il match alla televisione.

Ricordo che negli Stati Uniti, per Usa '94, gli stadi erano strapieni. Poi certamente gli americani assistevano all'evento alla loro maniera: all'inizio delle partite non c'era un posto libero, ma magari dopo mezz'ora la gente spariva. Si alzava, usciva, andava a fare delle passeggiate… e quindi ritornava. Per loro è un happening che non ha niente a che vedere con il nostro modo, teso e concentrato, di seguire le partite. Però almeno allo stadio ci vanno.

Infine, un dato in netta controtendenza rispetto alle previsioni per Italia '90 fu quello relativo al brusco calo dei flussi turistici. Paradossalmente nel periodo dei Mondiali poche persone vennero a visitare il Belpaese, proprio perché disincentivate dalla grande confusione che un evento di quella portata comportava e dal rischio che potessero succedere incidenti.

In effetti ci furono dei problemi di ordine pubblico, per esempio a Cagliari con gli *hooligans* inglesi. Fatto sta che si ottenne l'effetto contrario rispetto a quello che si voleva o che si sperava di ottenere organizzando il torneo in Italia.

C'è un aneddoto, un ricordo personale di quel periodo che la fa sorridere e che rievoca con piacere a distanza di ventotto anni?

Potrei citare proprio il fatto che, quando ero libero, andavo volentieri a trovare i giocatori. Era spassosissimo per esempio parlare con Tacconi, che non giocava mai ma era straconvinto che Vicini avrebbe dovuto schierare tra i pali lui al posto di Zenga. E allora giù risate e battute, che venivano fuori spontanee con un interlocutore come lui.

Io ero inoltre molto amico di Azeglio Vicini, uno che era abilissimo nel mettere sempre a proprio agio sia i giornalisti che i calciatori con quel suo carattere paterno e bonario. Di sicuro non era un sergente di ferro, però tutti lo ricordano come un uomo di grande linearità e coerenza.

A proposito di Vicini, secondo lei per quale motivo fece quella scelta impopolare – e rinfacciatagli dopo tanti anni anche da qualche suo giocatore – di schierare Vialli contro l'Argentina al posto di Roberto Baggio?

Credo che lui avesse verificato la tenuta fisico-atletica dei due giocatori in ballottaggio. E Baggio, che pure aveva fatto delle partite eccezionali, lungo tutta la sua carriera è stato accompagnato da una situazione disastrosa sul piano del dolore fisico che doveva sopportare. Si può dire che Vicini sia stato molto coraggioso a scegliere Vialli: evidentemente avrà pensato che la fisicità e l'esplosività di uno come Gianluca sarebbe potuta risultare l'arma vincente, preferendola al talento puro e alla classe immensa di Baggio. Alla fine è andata male, quindi con il senno di poi sono tutti bravi a criticare e a dare addosso.

Ci fu anche chi disse che il ct avrebbe dovuto predisporre delle marcature diverse, per esempio impiegando Ferrara. Per contro, poi nel 1994 Baggio la finale con il Brasile non avrebbe dovuto giocarla, e invece la disputò. Sono scelte forti che si fanno sperando che il campo dia ragione.

Di sicuro la decisione di schierare Vialli non è stata dettata da una bocciatura delle prestazioni di Baggio, ma dal fatto che i collaboratori di Vicini gli avevano detto che il sampdoriano stava meglio del neojuventino. Mi riferisco soprattutto ai membri dello staff medico e ai preparatori atletici. C'era in particolare un collaboratore, il professor Caligaris – un luminare nel campo della preparazione fisico-atletica – il cui parere per Vicini era estremamente prezioso. Anche se non figurava nell'organigramma ufficiale era lui il mago, il guru di quella nazionale. Sicuramente Caligaris ha avuto un ruolo decisivo nella scelta del tecnico cesenate: è stato lui a orientarlo verso Vialli.

Giova anche ricordare che lo stesso Vialli si era prepotentemente candidato, affermando a Mondiale in corso: «Adesso che il gioco si fa duro, è tempo che scendano in campo gli uomini veri». Dichiarazioni grintose, che denotavano una grande personalità, evidentemente apprezzate dal ct. Del resto il centravanti blucerchiato era l'uomo copertina della nazionale, l'attaccante più atteso.

Comunque, Vialli o non Vialli, la verità è che la gara con l'Argentina la giocammo con il freno a mano tirato. C'era tutta una situazione di ambiente e di contorno che ci condizionava. Dopo il gol di Caniggia perdemmo l'autostima, ci spegnemmo, non riuscimmo più a imporre il nostro gioco. Eravamo come bloccati, intimoriti. La paura di uscire si tagliava a fette, la si avvertiva nell'aria.

Fu una prestazione collettiva non all'altezza di quelle offerte nelle precedenti partite, e la sconfitta non dipese certo dall'impiego di Vialli al posto di Baggio.

6

Dal sogno italiano all'incubo russo: come rilanciare oggi il calcio azzurro?

Franco Baresi:

Ancora oggi faccio fatica a metabolizzare l'eliminazione dell'Italia dai Mondiali del 2018. Difficile individuarne le cause in modo preciso. Sicuramente abbiamo pagato una generazione non esattamente di fenomeni; il ct, poi, in un naufragio del genere è il primo responsabile.

Ma al di là di questo credo che il problema sia più profondo: il nocciolo della questione riguarda la scarsa capacità del calcio italiano di tutelare i suoi giocatori.

È un fatto di mentalità: non produciamo più talenti, ma del resto se i club di serie A preferiscono schierare il trentaseienne straniero piuttosto che il giovane emergente italiano forse qualche domanda ce la dobbiamo fare. Attribuire tutte le colpe alla federazione rischia di essere riduttivo: la Figc è il culmine, il punto apicale della macchina-calcio. Un segnale forte deve partire innanzitutto dai club: il selezionatore azzurro non può mica convocare calciatori che non vedono mai il campo e sono relegati in panchina nelle loro squadre.

Dovremmo valorizzare il nostro patrimonio tecnico, storicamente molto ricco e di grande qualità. Le squadre di serie A in particolare non possono limitarsi a coltivare il loro orticello: se tutti continueranno a pensare unicamente al proprio interesse senza contribuire alla crescita del movimento, non riusciremo a uscire dalla crisi attuale.

Nell'ottica di questo discorso ampio e complesso, il ko con la Svezia non può essere ricondotto unicamente allo scarso affiatamento del gruppo alla vigilia del match di San Siro di cui hanno parlato i media. Abbiamo letto tante cose a proposito di presunte prese di posizione dei giocatori nei confronti dell'allenatore, ma io ci andrei cauto con le conclusioni – che rischiano sempre di essere affrettate – perché è molto difficile giudicare certe cose dall'esterno. E comunque siamo di fronte a un problema, per così dire, culturale: dobbiamo far sì che ai giovani italiani venga data fiducia da subito, nelle grandi squadre e nei ruoli chiave.

L'inversione di rotta, se lanciata dai top team, potrà poi estendersi a cascata a tutte le altre squadre della serie A e non solo.

Nando De Napoli:

Secondo me le colpe principali della mancata qualificazione sono da attribuire alla federazione, per una ragione molto semplice: dopo il crollo del Bernabéu contro la Spagna bisognava prendere la situazione in mano e cambiare subito allenatore.

Era palese che qualcosa non andava nella nazionale, e tutti i difetti sono venuti fuori con gli spagnoli. Già prima di quella partita segnavamo pochi gol, ma a Madrid – pur riconoscendo il valore del grande avversario che affrontavamo – è stato toccato il punto più basso. Evidentemente c'erano dei problemi anche nella gestione del gruppo: dopo una débâcle del genere ci voleva qualcuno che si prendesse la responsabilità, con una decisione forte, di cambiare guida tecnica. Prendiamo per esempio la Croazia: dopo il pareggio con la Finlandia ha sostituito il ct, e poi si è qualificata ai Mondiali. Certe volte serve coraggio, anche a costo di essere impopolari.

Se siamo arrivati addirittura a non qualificarci significa che non c'era feeling tra giocatori e allenatore, non c'erano coesione e spirito di gruppo. Sì, abbiamo lottato nell'ultima partita di spareggio, ma sinceramente non si può perdere o pareggiare con la Svezia, una squadra che giocava tutta chiusa in difesa e non riusciva nemmeno a far ripartire l'azione, buttando sempre la palla in fallo laterale.

Cosa fare adesso? Bisogna riazzerare tutto. In Figc devono entrare persone che il calcio lo conoscano davvero, possibilmente che l'abbiano vissuto o giocato a livello professionistico. Fondamentale poi sarà il ruolo dei settori giovanili: bisognerà che gli osservatori di tutta Italia facciano un bel lavoro sistematico e coordinato e scovino quei talenti naturali che esistono oggi così come esistevano ieri.

Naturalmente dovremo avere pazienza: quando si cambia tanto bisogna sempre aspettare un po' di tempo perché le cose comincino a funzionare. Pensiamo al Milan: questa stagione (*campionato 2017-2018*, N.d.A.) la squadra è stata rivoluzionata, e i problemi non sono stati pochi. Dobbiamo metterci in testa che la grande Italia che spaventava il mondo non tornerà a breve, ma se lavoreremo bene un giorno saremo di nuovo competitivi.

Aldo Serena:

Le ragioni della mancata qualificazione sono da ricercare innanzitutto nel sorteggio dei gruppi europei. Siamo capitati nello stesso girone della Spagna, il che ci dava al massimo il venti per cento di possibilità di arrivare primi e qualificarci direttamente a Russia 2018.

Ragionevolmente si poteva arrivare secondi, come è stato. Il fatto è che poi si doveva vincere lo spareggio: non ci siamo riusciti perché, secondo me, non abbiamo impiegato i giocatori giusti contro la Svezia. Con un avversario come quello scandinavo dovevano scendere in campo, soprattutto a San Siro, gli Azzurri più tecnici, quelli più bravi a saltare l'uomo nell'uno contro uno.

È stato anche sbagliato l'approccio alla gara di andata a Stoccolma, che non è stata affrontata con la giusta determinazione e volontà di fare risultato. Avremmo dovuto giocare come se fosse stata una partita secca, invece abbiamo pensato a difenderci e a conservare lo 0-0 in vista del ritorno. Atteggiamento punito dalla Svezia.

Poi mettiamoci il fatto che i valori assoluti dei nostri giocatori non si sono rivelati, nell'arco di tutte le qualificazioni, quelli che pensavamo che fossero. Però, ribadisco, se l'allenatore avesse fatto delle scelte tecnico-tattiche diverse avremmo messo maggiormente in difficoltà gli svedesi.

La presunta riunione fatta senza Ventura prima dello spareggio? Se è successo davvero è sintomo di qualche frattura tra il tecnico e il gruppo, che certo ha contribuito a non farci rendere al massimo delle nostre potenzialità.

Ora, per rilanciarci, c'è bisogno di riforme importanti che investano i settori giovanili italiani. Secondo me la strada da seguire è quella della creazione delle seconde squadre, imitando il modello spagnolo che tanto ha contribuito alla crescita e alla competitività attuale del calcio iberico. In secondo luogo, sarebbe auspicabile una redistribuzione dei denari più equa tra i club. In questo momento i top team sono troppo avvantaggiati dal punto di vista economico. La crescita del movimento deve partire dalla base, mettendo più risorse a disposizione delle squadre non di vertice.

Se dovremo aspettare molto tempo per un «rinascimento» calcistico? Be', il calcio va di pari passo con la società, non è un'entità astratta rispetto al contesto sociale che gli fa da sfondo. La realtà dell'Italia è quella di un Paese che cammina rispetto a chi, come per esempio la Germania o altri Stati europei, corre.

La ripresa del calcio accompagnerà a braccetto la ripresa generale del Paese: se riusciremo a rimetterci in moto come società, e quindi a far quadrare i conti e a rilanciare l'economia, è probabile che anche nel calcio torneremo ai vecchi fasti. Altrimenti è possibile che la condizione nella quale ci troviamo adesso perduri ancora a lungo.

Giuseppe Bergomi:

Io vado un po' controcorrente: secondo me il nostro calcio attualmente non è messo così male. Nonostante quest'ultimo risultato estremamente negativo, noi abbiamo tutto sommato un buon movimento. Mi riferisco anche alle squadre di club e, soprattutto, alle nazionali giovanili, dall'Under 21 in giù, che stanno ottenendo dei risultati lusinghieri.

Da cosa nasce il fallimento della nazionale maggiore? Bisogna tornare indietro nel tempo. Il ranking internazionale non va mai sottovalutato, e quando tu vai fuori nel 2010, eliminato da Nuova Zelanda e Slovacchia, e anche nel 2014 non passi il primo turno del Mondiale perdendo contro la Costa Rica poi non ti ritrovi testa di serie nei sorteggi per le qualificazioni all'edizione del 2018 e finisci nel girone con la Spagna. Autocondannandoti, di conseguenza, a giocare i playoff di spareggio. Gli unici due modi per evitare i playoff sarebbero stati infatti battere la Spagna – improbabile – oppure segnare molti gol nelle restanti partite… e noi molti gol non li segnamo mai.

Ci siamo ritrovati a disputare questo spareggio in un momento difficile, e in condizioni mentali non ideali. Quando non sei a posto mentalmente non rischi mai la giocata, e a quel punto una squadra normale come la Svezia diventa una montagna insormontabile.

Nell'Italia qualcosa si è rotto dopo la disfatta in Spagna, e lì non siamo stati capaci di gestire la situazione nel modo giusto. Anche Ventura ha avuto le sue colpe. Però se vogliamo andare a rintracciare il peccato originale del calcio italiano, come ho detto dobbiamo risalire ai precedenti Mondiali, che ci hanno fatto perdere tante posizioni nel ranking.

Dal punto di vista tecnico, al giorno d'oggi ci manca quella tipologia di giocatore che storicamente abbiamo sempre avuto: un numero 10 di grande classe. Un Baggio, un Del Piero. Non so se Insigne possa raccogliere questa eredità, perché lo vedo più come un esterno.

Per rilanciarci però va impostato un progetto ad ampio respiro, che coinvolga tutti. Dobbiamo lavorare insieme per migliorare un movimento che, comunque, per certi versi funziona già bene.

Cosa si può fare? Non basta cambiare presidente federale, occorre assicurarsi la collaborazione dei club di serie A, che devono mettersi in testa di togliere qualcosa a se stessi per donarlo al sistema, al calcio italiano. Faccio un esempio concreto: i centri federali. Oggi in Italia esistono solo a livello dilettantistico, ma dovrebbero essere concepiti anche in funzione del calcio professionistico. Cosa sono? Strutture che, per esempio in Francia, in Germania o in Argentina, raccolgono tutti i migliori giovani provenienti dai vivai delle varie squadre per farli allenare insieme, sotto la guida di allenatori federali.

Si tratta di un progetto che farebbe maturare in fretta i talenti nostrani più promettenti: se il Milan, la Juventus, l'Inter, la Roma e via dicendo di comune accordo inviassero i loro giovani migliori nei centri federali, si assisterebbe a una crescita molto più rapida dei giocatori italiani.

Ovviamente il tutto dovrebbe essere sostenuto dalla costruzione di strutture adeguate, perché in Italia purtroppo abbiamo anche un problema di impianti: ancora oggi molte squadre a livello giovanile si allenano solo su metà campo.

Quest'idea ha funzionato molto bene in Argentina. Mi raccontava Esteban Cambiasso che quando lui era in Sudamerica i migliori si allenavano tutti insieme: poi non a caso l'Argentina in quegli anni ha vinto più edizioni dei Mondiali Under 20.

I tecnici dei centri federali potrebbero essere anche allenatori professionisti attualmente senza panchina. L'importante, secondo me, è che colui che allena giocatori ancora in fase di sviluppo tecnico e caratteriale pensi in primo luogo alla crescita dei ragazzi, e non a coltivare ambizioni personali. Questo è un concetto fondamentale: l'unico obiettivo di un tecnico del settore giovanile è forgiare il futuro calciatore, punto e basta. E ricordiamoci sempre che i talenti, a volte, vanno aspettati.

Un'altra soluzione per migliorare il nostro calcio potrebbe essere quella di ridurre il numero delle squadre di serie A, serie B e Lega Pro. Ma anche in questo caso, come per i centri federali, servono un'intesa comune e la collaborazione di tutti.

Pietro Vierchowod:

Io sono nato nel 1959: un Mondiale senza l'Italia non l'avevo mai visto. È stata una debacle storica e imperdonabile.

Non ci siamo qualificati perché è venuto a mancare il gruppo. In questa Italia non c'era un leader vero, uno che potesse trascinare i compagni. Lo spirito di gruppo è fondamentale per raggiungere certi traguardi, e nel corso di queste qualificazioni abbiamo dimostrato di averne poco.

E poi abbiamo messo in campo pochissima qualità tecnica, ragion per cui ci siamo decisamente meritati l'eliminazione. A dimostrarlo c'è il pareggio con la Macedonia, e poi il fatto che in Svezia abbiamo tirato in porta praticamente solo una volta, colpendo il palo con Darmian, mentre a Milano abbiamo fatto un regalo enorme agli svedesi mettendola sul piano della fisicità, con tutte quelle palle alte scaraventate in area.

In più l'allenatore ci ha messo del suo, non riuscendo a dare un apporto decisivo e a cambiare la situazione in corso d'opera.

Le nostre colpe sono amplificate dal fatto che eravamo stati sorteggiati in un girone non certo impossibile: c'era la Spagna, d'accordo, ma con un minimo di qualità e di brillantezza in più ce la saremmo potuta giocare anche con loro per il primo posto.

Cosa fare adesso? La rinascita del calcio italiano passa attraverso la valorizzazione dei talenti nostrani. Lo zoccolo duro delle grandi squadre di serie A deve essere italiano: mi riferisco a quei quattro o cinque calciatori di riferimento, che costituiscono l'ossatura del team. In Germania, in Inghilterra, in Spagna e in Francia è così: il gruppo dei giocatori più importanti è costituito da elementi locali. Poi ci sono gli stranieri, ovviamente, ma sono molto più selezionati che da noi: sono quelli veramente bravi, e di conseguenza finiscono per rappresentare un valore aggiunto perché, forti del loro talento, possono insegnare qualcosa ai locali.

Dobbiamo smetterla di importare stranieri in tutti i ruoli solo per la semplice ragione che costano meno, almeno così si dice, e io non so nemmeno se sia vero. Perché poi va a finire che la nazionale, per mettere insieme la rosa dei convocati, deve giocoforza attingere ai club minori, dato che nella Roma, nella Lazio, nel Napoli o nell'Inter i titolari sono quasi tutti stranieri.

Salvatore Schillaci:

La mancata qualificazione ai Mondiali russi è stata uno shock. Secondo me in una certa parte è stata causata dalla troppa sicurezza di tutto l'ambiente italiano: qualcuno forse pensava che staccare il pass per il Mondiale non sarebbe stato un problema.

E poi le responsabilità vanno ovviamente distribuite tra giocatori, allenatore e federazione. Ma è tutto il sistema calcio in Italia che ne esce indebolito: in tanti dovranno riflettere, e a lungo.

Lo ripeterò all'infinito: dobbiamo metterci in testa di coltivare i giovani calciatori in casa, valorizzando i vivai. Se scorriamo le rose delle squadre di vertice della serie A notiamo che sono composte quasi esclusivamente da stranieri: è un trend che si deve assolutamente invertire. Serve un cambiamento di mentalità. I club, soprattutto quelli più importanti, devono venire incontro alla nazionale.

Se poi vogliamo analizzare la sfida decisiva di San Siro contro la Svezia, dobbiamo cominciare con il dire che siamo stati eliminati da una squadra molto mediocre, abile soltanto nella fase difensiva. Noi dal canto nostro le abbiamo dato una grande mano, alzando continuamente il pallone con quei cross alti dalle fasce che favorivano i loro difensori rocciosi. Nessuno dei nostri si è deciso a giocare palla a terra per prenderli d'infilata. Mettiamoci anche il fatto che qualche giocatore veloce e brevilineo sarebbe dovuto entrare nel secondo tempo per cambiare l'inerzia della partita... e si spiega la frittata. Sono stati commessi tanti errori, da parte di tutti.

La rinascita passa necessariamente dai talenti che militano nelle squadre primavera. Fino a quando il discorso del puntare sui giovani resterà solo una frase fatta e non verrà messo concretamente in pratica, il nostro calcio – che sta vivendo forse il suo periodo più buio – non farà alcun progresso.

Giuseppe Giannini:

Una serie di circostanze ci ha portato a non avere una nazionale all'altezza. Anche se qualche talento c'è, qualche giocatore interessante l'abbiamo visto.

Il fatto è che negli ultimi anni non si è lavorato bene su molti aspetti. Sarebbe stato molto utile per esempio avere le seconde squadre, per poter organizzare un torneo di livello più alto rispetto al Campionato Primavera attuale. Poter disporre delle seconde squadre significa, per i club, preparare fin da subito i ragazzi per la prima squadra.

Questa era una mossa che andava fatta già quattro o cinque anni fa. Se iniziamo a ragionare in questo modo, facendo un discorso più ampio e di programmazione a lungo termine, capiamo che le responsabilità di un'eliminazione mondiale non possono essere attribuite unicamente al ct. In questi casi, più che dell'allenatore, è colpa di un sistema che non ha adottato per tempo i dovuti accorgimenti.

Secondo me il rinnovamento deve partire dal basso. Un'idea per dare nuova linfa al movimento calcistico italiano potrebbe essere quella di inserire nelle società dilettantistiche degli ex calciatori che abbiano avuto significative esperienze nel calcio professionistico. Queste società dovrebbero essere obbligate a includere nel proprio staff tecnico delle figure di calciatori che abbiano fatto del professionismo. In giro ci sono moltissime squadre dilettantistiche totalmente sprovviste di professionisti, e non lo trovo giusto. Visto che ci sono tanti allenatori a spasso, quello potrebbe essere un modo per impiegarli.

Io ho lavorato in una società sportiva dilettantistica nella quale c'erano i Chierico, i Pruzzo. Gente che il calcio lo mastica, che ha calcato campi importanti. E che poteva portare ai calciatori tante conoscenze, oltre a un grande bagaglio di esperienza.

Riccardo Ferri:

Siamo fuori dal Mondiale per colpa di una serie di errori di valutazione che sono stati fatti. E non mi riferisco alla scelta di Ventura come ct, ma a una programmazione sbagliata e all'incapacità cronica di valorizzare i vivai italiani. Poi ci ha messo del suo anche il nostro campionato, che obiettivamente oggi come oggi non offre talenti all'altezza di un Paese calcisticamente importante come l'Italia.

Io avrei una soluzione, che consiste nell'imporre a tutti i club di serie A e di serie B di schierare in ogni partita almeno quattro italiani, magari attingendo al settore giovanile. Questo obbligherebbe le società, per avere anche i ricambi sempre disponibili, a lanciare in prima squadra almeno otto-dieci elementi di nazionalità italiana. Così il ct avrebbe poi, al momento di diramare le convocazioni, un ventaglio di scelte più ampio.

Detto questo, va da sé che Ventura abbia commesso degli errori, il più evidente dei quali è stato intestardirsi su un modulo che alla fine ha dato pochi risultati. Come la storia della nazionale italiana insegna è vero che la squadra deve avere una sua idea e identità di gioco, ma è altrettanto vero che il selezionatore deve anche avere la capacità di adattarsi al materiale che ha a disposizione. Ventura poteva contare su giocatori che nella nostra serie A e in Europa stavano facendo la differenza – mi viene in mente soprattutto Insigne – e li ha sacrificati proprio nelle ultime partite, quelle più importanti.

Questi giocatori, se schierati nei propri ruoli naturali, avrebbero potuto dare un apporto decisivo, trasformando una sconfitta in una vittoria. Il ct ha pensato che il modulo venisse prima dei calciatori, ma da che mondo è mondo sono gli interpreti a farti vincere o perdere le partite.

Non posso non evidenziare, al contempo, che la riunione fatta dai giocatori senza Ventura alla vigilia della Svezia fosse la chiara spia di una rottura all'interno del gruppo. Probabilmente si trattava di problemi che si trascinavano da tanto tempo.

Io stimo tantissimo Ventura come allenatore, perché è bravo come pochi a far crescere i giovani, ma questi atteggiamenti lui li aveva anche quando allenava il Torino. Anche lì succedeva che facesse riunire i calciatori da soli, in sua assenza, perché voleva che prendessero delle decisioni. Ma un conto è farlo a Torino, o comunque in una squadra di club in cui sei riconosciuto come un leader e hai quotidianamente il controllo totale della situazione; tutt'altro discorso è farlo in nazionale, dove hai a che fare con tante personalità forti che, in qualche modo, ti possono anche delegittimare.

Proprio in ragione di questo, credo che se in federazione ci fossero state, al fianco del presidente, delle figure autorevoli magari di ex calciatori, o comunque di gente competente che il calcio lo conosce a fondo, qualcuno avrebbe potuto dare dei consigli preziosi e indirizzare lo stesso presidente nella direzione giusta.

Certe volte vanno prese delle decisioni difficili che però, se sostenute dal parere di consiglieri esperti, risultano essere le scelte più corrette. Nel caso dell'Italia, ben prima di arrivare allo spareggio con la Svezia si sarebbe potuto provare a convincere Ventura a cambiare rotta, anche dal punto di vista tattico. Se il tecnico non avesse raccolto il suggerimento, la federazione sarebbe stata legittimata ad accompagnarlo alla porta. Ma per adottare questa linea d'azione è necessario che, nello staff della nazionale, ci siano dei professionisti in grado di interagire con il ct, di comprendere le sue scelte calcistiche e di fare poi un quadro chiaro della situazione alla dirigenza federale, inducendo il presidente a intervenire prima che le cose precipitino.

Se a capo di questo gruppo di lavoro, collante tra guida tecnica e federazione, si mettono persone per le quali il calcio non ha segreti – anche nelle sue dinamiche tecniche – l'efficienza di tutto il sistema migliorerà.

Roberto Donadoni:

È la cultura del calciatore straniero a tutti i costi che limita il nostro calcio.

Sicuramente va fatto un discorso generale volto alla valorizzazione dei nostri settori giovanili, che devono fornire giocatori in grado di debuttare a diciotto-diciannove anni in prima squadra. Ma si fa in fretta a dire valorizzare: i vivai devono essere sostenuti con adeguati investimenti e con una programmazione seria e lungimirante. Anche le strutture, tanto per cominciare, devono essere all'altezza delle nuove sfide che questa eliminazione dai Mondiali pone al calcio italiano.

E poi io non smetterò mai di sottolineare un aspetto: è fondamentale che i nostri giovani e giovanissimi vengano allenati da tecnici competenti e preparati. Non, come accade spesso al giorno d'oggi, da allenatori da dopolavoro.

La formazione tecnica e caratteriale di un calciatore in erba dipende molto dalla guida che egli ha durante la sua crescita. È importante insegnare calcio ai ragazzi con professionalità e passione: i concetti basilari devono essere inculcati proprio nei primi anni di attività.

BARBARA ABEL
La BAMBINA nel BOSCO
THRILLER
LEONE EDITORE

Finito di stampare
nel mese di maggio 2018
per conto di Leone Editore
dalla C.N.S. srl - Ciserano (BG)
Printed in Italy